NOUVEAU MANUEL

DES

OFFICIERS DE L'ÉTAT CIVIL.

Cet ouvrage étant ma propriété, je pour-
suivrai les contrefacteurs.

ERASME KLEFFER,
à Coulommiers (Seine-et-Marne).

———

On trouve chez le même Libraire :

Lois d'instruction criminelle et pénales, ou Appendice aux Codes criminels, par *J. A. Garnier
Dubourgneuf,* Docteur en droit, Procureur du
Roi ; et *J. S. Chanoine,* Substitut à Coulommiers. 3 vol. *in-8°,* ensemble de plus de 16,00
pages. Prix : 24 fr., et 29 fr. franc de port par
la poste.

NOUVEAU MANUEL

DES

OFFICIERS DE L'ÉTAT CIVIL;

PAR

J. A. GARNIER DUBOURGNEUF,

Docteur en Droit, Procureur du Roi.

SECONDE ÉDITION, AUGMENTÉE

DE NOTES ET D'UN APPENDICE.

PARIS,

TOURNACHON-MOLIN, LIBRAIRE,

RUE SAINT-ANDRÉ-DES-ARTS, N° 45.

1827.

AVERTISSEMENT.

—

Cet ouvrage, principalement destiné aux Officiers de l'état civil, ne devait contenir que ce qui les concerne ; mais les Notes placées au bas des pages, jointes à l'Appendice qui le termine, en font un Traité complet de l'état civil, et le rendent d'un usage général.

NOUVEAU MANUEL

DES

OFFICIERS DE L'ÉTAT CIVIL.

———

OBSERVATIONS PRÉLIMINAIRES.

———

SOMMAIRE.

1. Définition de l'état civil.
2. La preuve en est faite principalement par des actes.
3. Combien d'espèces d'actes.
4. Comment et par qui ces actes sont dressés.
5. Objet et division de l'ouvrage.

1. L'ÉTAT civil est la condition d'une personne, en tant qu'elle est enfant légitime, naturel ou adoptif de tel père ou de telle mère, mariée ou non mariée, vivante ou morte, soit naturellement, soit civilement.

1*

2. Il est constaté par des actes dont la loi a déterminé les formes (1).

3. Ces actes sont de cinq espèces (2).

 1°. De naissance ;

 2°. De mariage ;

 3°. De décès ;

 4°. D'adoption ;

 5°. De reconnaissance d'enfans naturels.

4. Ils sont consignés dans des registres publics.

La tenue de ces registres est confiée à des fonctionnaires constitués sous le nom

----

(1) Il peut encore être prouvé, mais seulement à défaut de registres, par la possession, par témoins, par des papiers domestiques. (Code civil, art. 46, 320.)

(2) Nous les indiquons en suivant l'ordre établi dans le Code, mais nous avons adopté une autre division : nous avons placé les actes de reconnaissance d'enfans naturels et ceux d'adoption à la suite des actes de naissance, parce qu'ils s'y rattachent, et doivent être inscrits sur le même registre.

Le divorce formait une sixième espèce d'actes ; mais il a été aboli par la loi du 8 mai 1816 : nous n'en parlerons pas.

d'*officiers de l'état civil :* on les appelle aussi *officiers publics.*

Leurs devoirs et leurs attributions ont également été fixés.

5. Cet ouvrage, dont l'objet est d'éviter de nombreuses recherches en rassemblant toutes les dispositions relatives aux fonctionnaires chargés des registres de l'état civil, aux registres eux-mêmes et aux actes qui y sont inscrits, est divisé en trois livres :

Le premier consacré aux officiers de l'état civil ;

Le second aux registres ;

Le troisième aux actes.

Les deux premiers livres se subdivisent de manière à distinguer ce qui est relatif aux officiers et aux actes en France, de ce qui concerne ceux hors du royaume.

Le troisième livre traite dans autant de titres, en séparant toujours ce qui est applicable aux actes en France de ce qui l'est aux actes hors du royaume,

    1°. Des dispositions générales ;

    2°. Des actes de naissance ;

    3°. Des actes de reconnaissance d'enfans naturels.

    4°. Des actes d'adoption ;

    5°. Des actes de mariage ;

6º. Des actes de décès;

7º. De la rectification des actes.

Le titre V, à cause de son étendue, présente, en outre, séparément, ce qui est relatif aux personnes qui veulent se marier, de ce qui s'applique à la célébration du mariage.

LIVRE PREMIER.

DES OFFICIERS DE L'ÉTAT CIVIL.

SECTION PREMIÈRE.

DES OFFICIERS DE L'ÉTAT CIVIL EN FRANCE.

SOMMAIRE.

6. Le maire est seul officier de l'état civil.
7. Il peut être remplacé par un adjoint.
8. Exception pour la ville de Paris.
9. Autre exception.
10. Il peut encore être remplacé par un membre du conseil municipal.
11. Formalité nécessaire en cas de remplacement.
12. Modèle d'un arrêté portant délégation.
13. Formalités à remplir dans ce cas.
14. Le maire, malgré la délégation, peut toujours remplir les fonctions.
15. Dépôt des signatures pour la légalisation des actes.
16. Ce qu'on entend par légalisation, et dans quels cas elle est nécessaire.
17. L'officier public ne peut dresser les actes d'office.

18. Cas où il est incompétent.
19. *Idem.*
20. Par qui il est surveillé.
21. De l'état civil du Roi et des membres de la famille royale.

6. Le maire est seul officier de l'état civil et dépositaire des registres de la commune (1).

7. En cas d'absence, d'empêchement légitime ou de délégation, il est remplacé par un adjoint, en suivant l'ordre des nominations (2).

8. Il y a exception pour la ville de Paris, où les adjoints sont autorisés à recevoir les actes concurremment avec les maires (3).

9. Il y a également exception pour les communes dans lesquelles les communications entre quelque partie du territoire et le chef-lieu sont difficiles, dangereuses, ou même temporairement impossibles. Le gouvernement doit pourvoir à la nomination d'un adjoint, en sus du nombre fixé,

(1) Loi du 28 pluviôse an VIII, art. 13; décret du 4 juin 1806, art. 5.

(2) *Idem.*

(3) Avis du conseil d'état, du 8 mars 1808.

lequel est chargé de la tenue des registres de l'état civil, dans la partie de la commune qui ne peut communiquer avec le chef-lieu; mais l'adjoint, dans ce cas, n'a toujours de correspondance qu'avec le maire, et c'est à lui qu'il doit remettre les registres, clos et arrêtés, pour être déposés avec ceux du chef-lieu (1).

10. En cas d'absence ou d'empêchement légitime des maires et adjoints, les fonctions d'officier de l'état civil peuvent être remplies par le plus ancien membre du conseil municipal (2).

11. Les actes reçus par un adjotnt ou un membre du conseil municipal doivent énoncer la délégation, l'absence ou la cause de l'empêchement : autrement ils seraient vicieux, ainsi que les expéditions ou extraits qui en seraient délivrés (3).

12. L'arrêté portant délégation peut être rédigé de la manière suivante :

(1) Loi du 18 floréal an X.
(2) Loi du 20 septembre 1792, titre Ier, article 47; lettre du ministre de la justice, du 20 mai 1807.
(3) Circulaire du ministre de l'intérieur, du 30 juillet 1807; lettre du garde des sceaux à un maire de Paris, du 31 décembre 1821.

Nous   , maire de la commune d   , canton
d   , arrondissement d
département d   , avons délégué
M.   , notre adjoint, pour remplir,
en notre place, les fonctions d'officier de l'état civil
de ladite commune.

Fait à la mairie de   , le   .

13. Le maire, avant de prendre un pareil arrêté, doit s'assurer de l'acceptation de son adjoint. Il convient, en outre, qu'il adresse une expédition de son arrêté au procureur du Roi de l'arrondissement, pour être déposée au greffe.

14. Il peut encore, malgré la délégation par lui faite, continuer à recevoir les actes qu'il juge à propos de rédiger; et, lorsque son délégué est empêché, il doit reprendre l'entier exercice de ses fonctions (1).

15. Les maires doivent déposer au greffe du tribunal de première instance de leur arrondissement, pour la légalisation des extraits des registres qu'ils délivrent, un tableau contenant leurs signatures et paraphes, et ceux de leurs adjoints.

16. La légalisation est l'attestation donnée par un fonctionnaire public d'un ordre

______

(1) Circulaire du ministre de l'intérieur, du 30 juillet 1807.

supérieur, de la vérité des signatures apposées à un acte, et des qualités de ceux qui l'ont fait ou expédié, afin qu'il soit ajouté foi à ces signatures.

Celle des extraits des registres de l'état civil est faite par le président du tribunal de première instance de l'arrondissement dans lequel ils ont été délivrés, ou par le juge qui le remplace (1).

Celle des actes notariés est faite de même par le président du tribunal de première instance de la résidence du notaire, ou du lieu où est délivré l'acte d'expédition.

Elle est nécessaire pour les actes des notaires à la résidence des cours royales, lorsqu'on s'en sert hors de leur ressort, et pour ceux des autres notaires, lorsqu'on s'en sert hors de leur département (2).

Le sceau du tribunal doit de plus être apposé par le greffier du tribunal, qui perçoit 25 centimes pour chaque légalisation (3).

Celle des actes administratifs des maires est faite par le préfet, si ces actes sont employés hors du département ; sinon la légalisation du sous-préfet est suffisante.

(1) Code civil, art. 45.
(2) Loi du 25 ventôse an XI, art. 28.
(3) Loi du 21 ventôse an VII, art. 14.

Voyez, en outre, n° 57, pour celle des actes à produire hors de France, et n° 86, pour celle des actes qui émanent des autorités militaires et de la marine, ou viennent de l'étranger.

17. Les officiers de l'état civil n'ont pas le droit de dresser les actes d'office ; ils sont institués pour recevoir et constater les déclarations qui leur sont faites.

18. Leurs fonctions étant circonscrites dans leur commune, il leur est interdit de constater les événemens de l'état civil qui se passent hors de leur territoire ; et les actes qu'ils dresseraient, dans ce cas, pourraient être annulés par les tribunaux (1).

Voyez n° 67, comment ils doivent agir dans le cas où des naissances et décès parviennent à leur connaissance, sans que la déclaration leur en ait été faite.

19. Ils ne peuvent, non plus, dresser les actes pour la validité desquels leur déclaration, leur témoignage ou leur consentement est nécessaire : ils ne sauraient y concourir à deux titres différens ; ni ceux qui concernent leurs enfans. Il n'en est pas de même à l'égard des autres parens et alliés,

(1) Code civil, art. 191. Voyez n° 276.

car ils se trouveraient empêchés la plupart du temps, surtout dans les campagnes, et la loi ne l'exige pas (1).

20. Les officiers de l'état civil sont sous la surveillance des procureurs du Roi : nous verrons n°s 44, 48, 49, 50 et 67, comment elle a lieu, et quelles en sont les conséquences.

Ils n'en restent pas moins soumis à celle de l'administration, qui s'exerce par le ministre de l'intérieur, les préfets et sous-préfets.

21. Les fonctions attribuées aux officiers de l'état civil sont exercées par rapport au Roi et aux Princes et Princesses de la maison royale, par le chancelier de France. Des formalités particulières sont observées pour la tenue des registres, la rédaction des actes et la délivrance des extraits (2).

(1) Lettre du garde des sceaux au procureur général près la cour royale de Paris, du 21 juillet 1818.
(2) Ordonnance du Roi, du 23 mars 1816.

SECTION II.

DES OFFICIERS DE L'ÉTAT CIVIL HORS DU ROYAUME.

SOMMAIRE.

22. Quels sont les officiers de l'état civil à l'égard des militaires et employés aux armées hors du royaume.
23. Le quartier-maître est suppléé par l'officier chargé de la tenue des contrôles nominatifs.
24. Par qui ces officiers de l'état civil sont surveillés.
25. L'intendant est suppléé par le sous-intendant.
26. Le sous-intendant est suppléé par l'officier le plus élevé en grade.
27. Quels sont les officiers de l'état civil en mer.
28. Quels sont les officiers de l'état civil en pays étranger.
29. Devoirs et obligations de ces différens officiers publics.

22. Lorsqu'il y aura lieu de rédiger, hors du royaume (1), des actes concernant des

(1) Les dispositions relatives aux militaires hors du territoire français sont applicables non-seulement à ceux réunis en corps d'armée au-delà des frontières du royaume, ou qui y sont employés dans des corps détachés, mais aussi aux corps qui, dans un cas d'invasion ou de révolte, se trouve-

militaires (1), les fonctions d'officier de l'état civil seront remplies par le quartier-maître dans chaque corps d'un ou plusieurs bataillons ou escadrons, et le capitaine commandant dans les autres corps ; elles le seront, pour les officiers sans troupes et pour les employés de l'armée, par l'intendant militaire attaché à l'armée ou au corps d'armée (2).

23. Le quartier-maître sera, en cas d'absence, remplacé par l'officier, quel que soit son grade, qui sera chargé à l'armée de la tenue des contrôles nominatifs (3).

24. Les quartiers-maîtres, capitaines, commandans ou autres officiers chargés de la rédaction des actes, seront surveillés,

raient dans l'impossibilité de recourir aux officiers publics ordinaires, pour constater le décès des militaires qui seraient morts sur le champ de bataille, ou pour faire divers actes relatifs à l'état civil. Dans tous les autres cas, les militaires sont assujétis aux mêmes lois que le reste des citoyens. (Instruction du ministre de la guerre, du 8 mars 1823.)

(1) Voyez n° 98, à la note.

(2) Code civil, art. 89 ; ordonnance du Roi, du 29 juillet 1817, portant suppression des inspecteurs aux revues et commissaires des guerres, et création du corps des intendans militaires.

(3) Instruction du ministre de la guerre, du 8 mars 1823.

dans les fonctions d'officier de l'état civil, par le conseil d'administration et les intendans militaires (1).

25. Un sous-intendant supplée de droit un intendant, dans les fonctions d'officier de l'état civil, toutes les fois qu'il n'y a pas d'intendant attaché au corps d'armée ; et par ces mots, on doit entendre un corps ou une division sous les ordres séparés d'un général, et trop éloigné du grand quartier-général, pour qu'on puisse, sans inconvénient, faire intervenir dans les actes à passer pour ce corps, l'intendant ou sous-intendant attaché au grand quartier-général.

Ce ne sont pas les intendans seuls, mais chacun des officiers composant le corps des intendans et sous-intendans militaires, qui sont chargés de remplir les fonctions d'officier de l'état civil : la loi ne leur assigne pas un territoire déterminé ; tous les actes qu'ils dressent en cette qualité, avec les formalités requises, sont légaux et valables, et ce n'est que par une mesure d'ordre, dont l'observation n'influe pas sur la validité de l'acte, qu'un intendant ou sous-intendant doit se borner à dresser ceux re-

(1) Instruction du ministre de la guerre, du 8 mars 1823.

latifs aux individus qui sont momentanément sous sa police administrative. Une ligne de démarcation absolue, n'est, à cet égard, ni rigoureusement nécessaire, ni toujours possible (1).

26. S'il arrivait qu'un événement devant donner lieu à la rédaction d'un acte de l'état civil, se passât à une distance telle que les témoins fussent dans l'impossibilité de se rendre auprès de l'officier de l'état civil le plus à portée, ou ne pussent pas le faire dans les délais prescrits par la loi, le sous-intendant, ou, à défaut, l'officier présent, le plus élevé en grade, recevrait par écrit la déclaration des témoins, en dresserait procès-verbal qu'ils signeraient avec lui, et l'enverrait à l'officier de l'état civil, qui transcrirait cette pièce sur son registre et l'y annexerait.

S'il s'agissait de militaires isolés et éloignés de l'officier militaire remplissant les fonctions d'officier de l'état civil, l'événement pourrait être constaté par les autorités locales, et dans les formes usitées dans le pays (2).

27. Les fonctions d'officier de l'état civil

(1) Instruction du ministre de la guerre, du 8 mars 1823.

(2) Même instruction.

seront remplies, sur les bâtimens du Roi, par l'officier d'administration de la marine, et sur les bâtimens appartenant à un armateur ou négociant, par le capitaine, maître ou patron du navire (1).

28. Enfin, elles le seront, pour tous les Français se trouvant en pays étranger, par les agens diplomatiques et les consuls (2).

Elles peuvent même l'être par les agens étrangers, et, dans ce cas, les formes usitées dans le pays seront observées (3).

29. Les devoirs et les obligations des différens fonctionnaires dont il vient d'être question, sont, en général, relativement à l'état civil hors du royaume, les mêmes que ceux des officiers publics en France. Voyez, au surplus, ce qui est relatif aux registres et aux actes hors du royaume.

(1) Code civil, art. 59, 86.
(2) Même Code, art. 48.
(3) Même Code, art. 47. Voyez n° 100.

LIVRE II.

DES REGISTRES.

SECTION PREMIÈRE.

DES REGISTRES EN FRANCE.

SOMMAIRE.

30. Les actes doivent être portés sur des registres.
31. Ces registres seront tenus doubles.
32. Ils seront sur papier timbré.
33. Ils seront cotés et paraphés.
34. Modèle du procès-verbal.
35. En cas d'insuffisance, on s'en procurera de supplémentaires.
36. Ils seront clos et arrêtés.
37. *Modèle du procès-verbal.
38. Des tables seront dressées chaque année.
39. Elles seront refondues tous les dix ans.
40. Du dépôt des registres, procurations et autres pièces.
41. Comment leur transport est effectué.
42. Des contraventions à la tenue des registres.
43. Des altérations, faux et autres crimes ou délits.
44. A la requête de qui les poursuites peuvent avoir lieu.
45. L'autorisation du gouvernement n'est pas nécessaire.

46. Devant quel tribunal sont dirigées les poursuites, en cas de contraventions.
47. *Idem*, en cas de crimes et délits.
48. Les procureurs du Roi sont chargés de veiller
au dépôt exigé.
49. Ces magistrats doivent procéder à la vérification des registres, donner des instructions, et
diriger des poursuites, s'il y a lieu.
50. Ils peuvent se transporter dans les communes
et déléguer les juges-de-paix.
51. Cas dans lesquels les registres peuvent être
déplacés.
52. Formalités à remplir lors de l'apport des registres au greffe d'une cour ou d'un tribunal.
53. Par qui l'apport des registres doit être fait.
54. Les registres de l'état civil sont publics.
55. Les extraits délivrés seront conformes aux
registres.
56. Ils feront foi jusqu'à inscription de faux.
57. De la légalisation des actes dont on veut faire
usage en pays étranger.
58. Des extraits d'actes dont la rectification a été
ordonnée.
59. Les extraits ne peuvent être délivrés que par
les maires et adjoints.
60 Ces fonctionnaires peuvent délivrer des expéditions des actes produits à l'appui des mariages.
61. Droits à percevoir pour les extraits des registres.
62. Les pièces à produire pour l'exemption et la
dispense du recrutement, ne sont pas assujetties
à ces droits.
63. Il en est de même des pièces à produire par
les veuves et enfans des militaires, pour obtenir
des pensions et des secours de l'Etat.

64. Il n'est rien dû pour la confection et l'inscription des actes, et il est expressément défendu d'exiger d'autres droits que ceux établis.

65. Le droit d'expédition est perçu à Paris au profit de la ville.

66. Les actes de reconnaissance d'enfans naturels sont soumis à l'enregistrement : formalités à remplir.

67. L'officier public doit instruire le procureur du Roi de tout ce qui est relatif à l'état civil.

68. Il peut, dans les cas difficiles, le consulter, ainsi que le procureur général et le garde des sceaux.

30. Tous les actes seront inscrits, dans chaque commune, sur un ou plusieurs registres, suivant la population (1).

Ces registres doivent être reliés (2).

L'officier public qui aurait inscrit les actes sur de simples feuilles volantes, serait puni d'un emprisonnement d'un mois au moins, et de trois mois au plus, et d'une amende de 16 fr. à 200 fr., lors même que la nullité des actes ne serait pas demandée, ou serait couverte ; le tout sans préjudice des peines plus fortes, en cas de collusion (3), et des dommages-intérêts des parties (4).

(1) Code civil, art. 40.

(2) Circulaire du garde des sceaux, du 31 décembre 1823.

(3) Code pénal, art. 192, 195.

(4) Code civil, art. 52.

31. Les registres seront tenus doubles (1), à l'exception de celui des publications de mariage (2). L'un n'est point la copie de l'autre : ils sont également originaux. Les actes doivent donc y être inscrits en même temps.

32. Les registres seront sur papier timbré, sous peine contre l'officier public d'une amende de 30 fr. et du dixième en sus, par chaque acte transcrit en contravention (3). Pour s'assurer si cette formalité est remplie, les préposés de l'enregistrement peuvent exiger, sans déplacement, la communication des registres. Les dépositaires sont tenus d'obtempérer à toute réquisition de leur part, et de leur laisser prendre, sans frais, les renseignemens, extraits et copies qui leur sont nécessaires, à peine de 50 fr. d'amende pour refus constaté par procès-verbal du préposé. Celui-ci doit se faire accompagner par l'adjoint, si le refus provient du maire, et réciproquement (4).

(1) Code civil, art. 40.
(2) Même Code, art. 63.
(3) Loi du 13 brumaire an VII, art. 26.
(4) Loi du 22 frimaire an VII, articles 52 et 54.

Le prix du papier timbré est à la charge des communes (1).

33. Les registres seront cotés par première et dernière, et paraphés sur chaque feuille, par le président du tribunal de première instance dans l'arrondissement duquel ils seront employés, ou par le juge qui le remplace (2).

Cette formalité est remplie sans frais.

34. Les préfets ont été chargés, pour assurer l'exécution exacte de cette formalité, de veiller à ce que tous les ans on fasse imprimer, en tête de chaque registre, le procès-verbal dont le modèle suit :

Par nous   du tribunal de première instance, séant à   , département de   , le présent registre destiné à recevoir les déclarations de   *ou* les actes de l'état civil, *s'il n'y a qu'un registre* , pendant l'année mil huit cent   , a été coté par premier et dernier feuillet, et contient feuillets.

Fait double, à   le décembre mil huit cent

La dépense de cette impression doit être

(1) Lois des 20 septembre 1792, 7 brumaire an II et 13 brumaire an VII.
(2) Code civil, art. 41.

acquittée, comme celle du papier timbré, par les communes (1).

35. Si les registres deviennent insuffisans à cause du nombre d'actes dressés, l'officier de l'état civil doit s'en procurer de supplémentaires qui y sont joints et attachés, et suivre, pour les actes à inscrire, l'ordre de numéros établi. Voyez n° 82.

36. Les registres seront clos et arrêtés par l'officier de l'état civil, à la fin de chaque année (2).

On doit, afin d'éviter toute intercallation, indiquer, en faisant la clôture des registres, le nombre d'actes qu'ils renferment.

37. On peut faire cette clôture en ces termes :

Clos et arrêté le présent registre contenant   actes, par nous soussigné   (*maire ou adjoint*), officier de l'état civil de la commune de

A   , le

décembre mil huit cent

38. Il sera dressé des tables alphabéti-

(1) Circulaire du ministre de l'intérieur aux préfets, du 13 mai 1810.
(2) Code civil, art. 43.

ques de tous les actes contenus dans les registres (1).

Ces tables seront faites sur papier timbré et certifiées par l'officier de l'état civil dans le mois qui suit la clôture des registres de l'année précédente; elles seront annexées à chaque registre (2).

On devra faire des tables distinctives, mais à la suite les unes des autres, des actes de naissance, mariage, décès (3), adoption et reconnaissance d'enfans naturels (4).

Il suffira de porter les noms des parties avec l'indication de la page du registre où se trouvent les actes qui les concernent (5).

39. Les tables annuelles seront refondues tous les dix ans (6).

Les tables décennales seront dressées, dans les six premiers mois de la onzième année, par les greffiers des tribunaux de pre-

(1) Loi du 20 septembre 1792; arrêté du 25 vendémiaire an IX; décret du 20 juillet 1807, art. 1er.

(2) Décret précité, art. 2 et 4.

(3) Même décret, art. 10.

(4) Circulaire du ministre de l'intérieur, du 3 nivose an IX.

(5) Lettres du garde des sceaux au procureur du Roi de Lunéville, des 10 juin et 6 août 1822.

(6) Décret précité, art. 1er.

mière instance, en triple expédition pour chaque commune : l'une restera au greffe; la seconde sera adressée au préfet du département, et la troisième à chaque mairie du ressort du tribunal (1).

Les expéditions destinées aux communes seront sur papier timbré (2), et payées par chacune d'elles à raison d'un centime par nom, non compris le prix du timbre; chaque feuille contiendra 96 noms ou lignes (3).

40. Dans le mois de janvier de chaque année, l'un des doubles registres de l'année précédente sera déposé aux archives de la commune, l'autre au greffe du tribunal de première instance de l'arrondissement (4), ainsi que le registre des publications de mariage (5), les procurations et autres pièces qui doivent demeurer annexées aux actes de l'état civil, lesquelles seront, au moment de la production, paraphées par la personne qui les aura produites, et par l'officier de

(1) Décret précité, art. 3 et 5.
(2) Celles destinées aux greffes peuvent être sur papier libre. (Décision du ministre des finances.)
(3) Décret précité, art. 4, 6 et 7.
(4) Code civil, art. 43.
(5) Même Code, art. 63.

l'état civil (1). Voyez, à l'égard de ces pièces, ce qui est dit n° 85 et suivant.

Le greffier se bornera à constater le dépôt par une mention de transcription sur un registre tenu à cette effet (2) : aucun droit ne lui sera dû (3).

41. Le transport des registres sera effectué sans frais et par voie administrative, c'est-à-dire, par les messagers des préfectures et sous-préfectures (4).

42. Toute contravention aux formalités prescrites par le Code civil, pour la tenue des registres de l'état civil et leur dépôt, sera punie d'une amende qui ne pourra excéder cent francs (5).

Nous verrons, n° 97, comment sont punies les contraventions aux formalités générales des actes, et, en parlant des différens actes, celles particulières à chacun d'eux.

(1) Code civil, art. 44.
(2) Lettre du chancelier au procureur général près la cour royale de Paris, du 24 décembre 1814.
(3) Décision du ministre des finances, du 24 septembre 1808.
(4) Décision du ministre de la justice, du 8 novembre 1811; circulaire du garde des sceaux, du 31 décembre 1823.
(5) Code civil, art. 50.

43. A l'égard des altérations, faux et autres crimes ou délits qui peuvent être commis dans les actes, il faut faire une distinction :

Si l'officier de l'état civil n'est ni auteur, ni complice des altérations, il en est seulement civilement responsable, sauf son recours, s'il y a lieu, c'est-à-dire, s'il est résulté de la contravention un dommage quelconque pour une personne, contre les auteurs desdites altérations (1).

S'il est auteur ou complice des faux, altérations ou autres crimes ou délits, il est passible des peines portées par le Code pénal (2), et de plus, des dommages-intérêts envers les parties (3).

44. Les poursuites peuvent être dirigées à la requête des parties intéressées ; elles peuvent aussi l'être à la requête du ministère public, et c'est pour cela qu'est faite la vérification dont nous allons parler (4).

45. Il n'est pas besoin, pour exercer ces poursuites, de l'autorisation préalable du

(1) Code civil, art. 51 et 1384.
(2) Articles 145 et suiv. ; 177 et suiv. ; 254 et 255.
(3) Code civil, art. 52.
(4) *Idem,* art. 53.

gouvernement (1) exigée dans les cas ordinaires (2).

46. Les poursuites pour simples contraventions, ont lieu devant le tribunal de première instance de l'arrondissement, suivant les formes de la procédure civile (3); d'où il suit que l'action dure trente ans, comme toute autre action civile (4).

Les parties intéressées peuvent, dans tous les cas, se pourvoir, par voie d'appel, contre le jugement (5).

47. Il en est autrement des poursuites pour crimes et délits prévus par le Code pénal; la compétence alors est réglée par le Code d'instruction criminelle, et c'est la cour d'assises ou le tribunal de police correctionnelle qui prononce.

48. Nous venons de dire que le dépôt des registres, des tables alphabétiques et

(1) Avis du conseil d'état, des 4 pluviôse an XII et 31 juillet 1806; arrêts de la cour de cassation, des 11 juin et 3 septembre 1807, 23 février 1809 et 9 mars 1815.

(2) Loi du 22 frimaire an VIII. art. 75.

(3) Code civil, art. 50; avis du conseil d'état, du 4 pluviôse an XII; circulaire du ministre de la justice, du 22 brumaire an XIV.

(4) Arrêt de la cour de cassation, du 30 juin 1814.

(5) Code civil, art. 54.

des pièces prescrit par la loi, devait être effectué dans le mois de janvier de chaque année : il est enjoint au procureur du Roi chargé de tout ce qui tient à la surveillance de l'état civil (1), de veiller à l'accomplissement de cette formalité, à cet effet, d'avertir, et, en cas de retard, de poursuivre devant le tribunal les maires qui n'auraient pas déposé les registres de leurs communes (2).

49. Ce magistrat est tenu de procéder, dans les quatre premiers mois de l'année, à la vérification de ces registres, et de dresser un procès-verbal qu'il envoie, dans la première quinzaine du mois de mai, au procureur général près la cour royale du ressort, pour être par celui-ci transmis avec ses observations, au garde des sceaux, dans la première quinzaine du mois suivant (3).

Il doit, aussitôt que sa vérification est

(1) Voyez n°s 20 et 67.

(2) Code civil, art. 43, 44, 50, 63 ; ordonnance du Roi, du 26 novembre 1823, art 4. — Le procureur du Roi n'est pas obligé dans ce cas, de recourir à l'autorisation prescrite par la circulaire du 10 septembre 1806, dont il est question dans la dernière note du n° 49. (Circulaire du garde des sceaux, du 31 décembre 1823.)

(3) Code civil, art. 53 ; ordonnance du Roi précitée, art. 1 et 2.

terminée, adresser aux officiers de l'état civil des instructions sur les contraventions qui auront été commises et les moyens de les éviter (1).

48. Il est de plus chargé d'exercer des poursuites, s'il y a lieu (2). Voyez n° 43.

5o. Il peut, lorsqu'il le juge nécessaire, se transporter sur les lieux, ou déléguer le juge de paix du canton, pour vérifier les registres de l'année courante (3).

Il devra faire ou déléguer cette vérifi-

(1) Ordonnance du Roi précitée, art. 3.
(2) Code civil, art. 53.
— Les égards dus à des hommes qui veulent bien, dans l'intérêt de la société, remplir gratuitement des fonctions pénibles, et la crainte que des procureurs du Roi ne se crussent obligés de poursuivre pour de légères irrégularités et n'amenassent ainsi une funeste désorganisation, ont fait décider que ces magistrats devraient, avant d'exercer des poursuites pour raison de contraventions prévues par le Code civil, autres que celles du dépôt des registres (voyez n° 48 et la note), prendre l'avis du ministre de la justice, qui leur prescrirait ce qu'ils auraient à faire: (Avis du conseil d'état, du 31 juillet 1806; circulaire du ministre de la justice, du 10 septembre de la même année.)
(3) Ordonnance du Roi précitée, art. 5.—Voyez, en outre, l'ordonnance du Roi, du 10 mars 1825, concernant les indemnités auxquelles, dans ce cas, les magistrats ont droit.

cation accidentelle, lorsqu'il saura que les registres sont habituellement mal tenus, ou que (1), par le décès ou la démission d'un maire, il deviendra nécessaire de constater l'état où il les aura laissés et les irrégularités qui s'y trouvent, afin qu'elles soit réparées au plus tôt, si elles sont susceptibles de l'être (2).

Les officiers de l'état civil sont tenus, dans ce cas, de communiquer leurs registres, mais sans déplacement.

51. Le déplacement des registres ne peut, en effet, avoir lieu que dans trois cas,

1°. Pour constater la naissance d'un enfant qu'il y aurait du danger à transporter (3);

2". Pour la célébration d'un mariage, quand les parties ne peuvent se rendre à la mairie (4);

3°. Lorsqu'une cour ou un tribunal a ordonné l'apport au greffe des registres courans.

52. Dans ce dernier cas, l'officier de l'état civil devra, sur la signification qui lui

(1) Déclaration du Roi, du 9 avril 1736, art. 31.
(2) Circulaire du garde des sceaux, du 31 décembre 1823.
(3) Voyez n° 104.
(4) Voyez n° 279.

en sera faite, se procurer, dans la quinzaine au plus tard, de nouveaux registres (1).

Aussitôt qu'il en sera muni, il clora et arrêtera les registres dont l'apport aura été ordonné, et il y mentionnera la cause pour laquelle ils sont clos avant la fin de l'année (2).

La dépense faite pour ces nouveaux registres sera supportée par la partie qui succombera (3).

En cas d'insolvabilité, elle sera remboursée par la régie du domaine et de l'enregistrement (4).

53. Les registres, s'il n'en a été autrement ordonné dans la décision des magistrats, seront apportés par l'officier public en personne, à peine d'y être contraint par corps ; il sera dressé procès-verbal du dépôt par le greffier qui s'en chargera (5).

Dans ce cas, il lui sera taxé, s'il le requiert, indépendamment des frais de voyage, par chaque vocation de trois heures, devant le juge commissaire ou le greffier, six francs (6).

(1) Ordonnance du Roi, du 18 août 1819, art. 1.
(2) *Idem*, art. 2.
(3) *Idem*, art. 3.
(4) *Idem*, art. 4.
(5) Code de procédure civile, art 201, 202, 205.
(6) Décrets des 16 février 1807, art. 166, 5º ; et 18 juin 1811, art. 14.

54. Les registres de l'état civil sont publics, et chacun a droit d'en prendre communication et d'en demander des extraits aux dépositaires, qui ne peuvent les refuser, à peine de tous dépens, dommages et intérêts (1).

55. Les extraits doivent être entièrement conformes aux registres (2) : il est donc nécessaire d'apporter la plus scrupuleuse attention à leur délivrance ; et, dans le cas où les registres présenteraient des irrégularités, ne seraient pas, par exemple, revêtus de la signature de l'officier public, ils devraient toujours être délivrés, mais entièrement et littéralement conformes aux actes tels qu'ils existent, sauf aux parties à se pourvoir pour en obtenir la rectification (3).

56. Les extraits délivrés conformes aux registres et légalisés feront foi jusqu'à inscription de faux.

57. Nous avons vu n° 16, en quoi consiste la légalisation et par qui elle est faite pour les actes passés et produits en France ;

(1) Code civil, art. 45 ; Code de procédure civile, art. 853.

(2) Code civil, art. 45.

(3) Lettre du garde des sceaux au procureur général près la cour royale de Paris, du 20 février 1814.

nous parlerons n° 86, de ceux qui viennent des colonies et de l'étranger ; mais lorsqu'on veut faire usage dans les colonies ou en pays étranger, des actes passés en France, il faut que la signature du président ou du juge qui le remplace soit légalisée par le garde des sceaux : ensuite, si l'acte doit être employé dans les colonies, la signature de sa grandeur sera certifiée par le ministre de la marine et des colonies ; s'il est destiné à un militaire à l'armée, elle le sera par le ministère de la guerre ; s'il est employé à l'étranger, elle le sera par le ministre des affaires étrangères et par l'ambassadeur ou le consul qui réside dans le pays.

58. Lorsqu'un jugement a ordonné des rectifications et que mention en a été faite en marge des actes réformés (1), les extraits de ces actes doivent être délivrés aux parties, afin qu'elles soient dispensées de lever une expédition du jugement, avec la mention expresse des rectifications, à peine de tous dépens, dommages-intérêts contre l'officier public qui les aurait délivrés (2).

(1) Code civil, art. 101 ; Code de procédure civile, art. 857.

(2) Avis du conseil d'état, du 4 mars 1808. Voyez n° 334 et suivans.

59. Ces extraits seront délivrés (1) par les maires et adjoints dépositaires des registres, et ne pourront l'être par leurs employés qui se qualifient de secrétaires et de secrétaires généraux, mais qui n'ont aucun caractère public; il est même interdit à ces derniers d'apposer leurs signatures sur ces extraits, sous peine d'être poursuivis soit d'office, soit par les parties qui n'en pourraient faire usage (2).

60. Indépendamment des extraits des registres dont il est dépositaire, l'officier public peut encore, d'après l'usage universellement établi, délivrer des expéditions des actes remis à l'appui des mariages.

(1) Tout dépositaire des registres de l'état civil peut en délivrer des extraits. (Code civil, art. 45.) — Un notaire peut aussi délivrer expédition d'un acte qui lui a été déposé pour minute. (Loi du 25 ventôse an XI, art. 21.) •

(2) Avis du conseil d'état du 2 juillet 1807; circulaire des ministres de la justice et de l'intérieur, des 30 juillet et 27 août de la même année. — Voyez l'avis du conseil d'état, à l'égard des extraits délivrés par les secrétaires et secrétaires généraux des mairies, depuis la loi du 28 pluviôse an VIII, jusqu'au jour de sa publication : ils sont considérés comme authentiques, pourvu que la signature ait été légalisée antérieurement à cette dernière époque.

61. Les droits à percevoir pour les extraits des registres de l'état civil ont d'abord été fixés de la manière suivante (1) :

Pour chaque expédition d'un acte de naissance, de décès, ou de publication de mariage, 30 cent., ci. . . . . o fr. 30 c.

Plus, pour le remboursement du droit de timbre, et le dixième en sus pour la taxe de guerre, 83 cent., ci. . . . .   83 c.
____
1 fr. 13 c.
____

Pour celles des actes de mariage, d'adoption et de divorce, 60 cent., ci. . . . . o fr. 60 c.

Plus, pour le droit de timbre et la taxe de guerre, 83 cent., ci.   83 c.
____
1 fr. 43 c.
____

Dans les villes de 50,000 âmes et au-dessus, pour chaque expédition d'acte de naissance, de décès et de publication de mariage, 50 cent., ci. . . . . o fr. 50 c.

Plus, pour le droit de timbre et la taxe de guerre, 83 cent., ci.   83 c.
____
1 fr. 33 c.

(1) Décret du 12 juillet 1807, art. 1, 2 et 3.

Pour celles des actes de mariage,
d'adoption et de divorce, 1 fr. ci.   1 fr. 00 c.
Plus, pour le droit de timbre et
la taxe de guerre, 83 cent., ci. . .   83 c.

——————

1 fr. 83 c.

——————

A Paris, pour chaque expédition d'acte de naissance, de décès et de publication de mariage,
75 cent., ci. . . . .   0 fr. 75 c.
Plus, pour le droit de timbre
et la taxe de guerre, 83 cent., ci.   83 c.

——————

1 fr. 58 c.

——————

Pour celles des actes de mariage, de divorce et d'adoption,
1 fr. 50 cent., ci. . . . .   1 fr. 50 c.
Plus, pour le droit de timbre
et la taxe de guerre, 83 cent., ci.   83 c.

——————

2 fr. 33 c.

——————

Mais le prix a été augmenté par la loi
sur les finances qui a décidé que les expéditions des actes de naissance, de décès,
de divorce et d'adoption ne pourraient être
portées que sur du papier de 1 fr. 25 cent.
A l'égard des actes de publication de mariage, des certificats de non-apposition et

de ceux qui constatent la célébration, la loi ne faisant mention que des actes reçus, ils peuvent être délivrés sur papier à 35 c. (1).

62. Les certificats et généralement toutes les pièces à produire pour l'établissement des droits à l'exemption et à la dispense du recrutement sont exempts du droit de timbre (2).

Les maires et officiers publics doivent, sur l'expédition des actes ou certificats, faire mention de la destination de ces pièces (3).

A l'égard du droit d'expédition, l'usage est de ne pas le percevoir.

63. Les extraits de naissance et de mariage que doivent produire les veuves et les enfans des militaires, pour obtenir des pensions et des secours de l'état, sont également exempts du timbre, pourvu qu'ils énoncent la mention de cette destination (4).

64. Pour la confection des actes et leur

(1) Loi du 28 avril 1816, art. 62 et 63; instruction de la direction de l'enregistrement et des domaines.

(2) Manuel du recrutement, art. 616.

(3) *Idem*, art. 617.

(4) Décision du ministre des finances, du 27 octobre 1807.

inscription dans les registres, il n'est rien dû, et il est expressément défendu aux dépositaires des registres d'exiger d'autres taxes et droits que ceux qui viennent d'être indiqués, à peine d'être poursuivis comme concussionnaires et punis, les officiers publics de la peine de la réclusion et d'une amende dont le *maximum* sera le quart des restitutions et des dommages-intérêts et le *minimum* le douzième, et leurs préposés d'un emprisonnement de deux ans au moins et de cinq ans au plus et d'une amende semblable à celle dont les officiers publics sont punis (1).

Le législateur a, de plus, pris la précaution d'ordonner que le décret contenant ces diverses dispositions serait constamment affiché en placard et en gros caractères, dans chacun des bureaux et lieux où les déclarations relatives à l'état civil sont reçues, et dans tous les dépôts de registres (2).

65. A Paris, le droit d'expédition est perçu au profit de la ville, qui est chargée de toutes les dépenses relatives à l'expéditions des actes (3).

(1) Décret précité, art. 4; Code pénal, art. 174.
(2) Décret précité, art. 5.
(3) Loi du 8 pluviôse an XIII.

Elle fait remise de ce droit aux individus porteurs de certificats d'indigence, délivrés par les bureaux de charité, et avance le prix du papier timbré, qui lui est remboursé par l'administration des hospices.

66. Indépendamment des droits qui viennent d'être mentionnés, la première expédition de toute reconnaissance d'enfant naturel est assujettie à l'enregistrement; ce qui s'applique même aux expéditions de reconnaissances antérieures à la loi par laquelle ce droit est établi (1).

Nous entrerons, relativement à cette formalité, dans de plus longs détails, en parlant des reconnaissances d'enfans naturels, n° 145 et suivans; nous devons seulement ajouter ici que ce n'est point à l'officier de l'état civil qui délivre une expédition à réclamer le droit d'enregistrement; il lui suffit de constater au bas de chaque expédition l'avertissement qu'il est de son devoir de donner aux parties, par ces mots : *averti de l'enregistrement*. La loi ne lui impose aucune obligation sur ce point et le fisc n'a le droit de rien exiger (2).

(1) Décision du ministre des finances, du 5 août 1816. (Journal de l'enregistrement, art. 5517.)
(2) Tel est aussi l'avis de M. Hutteau d'Origny,

Le ministre ayant décidé, ainsi que nous venons de le dire, que la première expédition serait seule sujette à l'enregistrement, l'officier de l'état civil devra, sous sa responsabilité personnelle, faire mention, en marge de la minute de l'acte, de la formalité qui aura été donnée à la première expédition ; il devra aussi rappeler cette mention dans toutes les expéditions subséquentes qu'il sera requis de délivrer, et le droit d'enregistrement sera exigible sur les expéditions des actes de l'espèce, si elles étaient dépourvues de la mention de la formalité (1).

67. Terminons ce que nous avons à dire sur la tenue des registres de l'état civil, en ajoutant que le procureur du Roi, étant,

maire d'un arrondissement de Paris, dans son traité *de l'état civil et des améliorations dont il est susceptible ;* mais les auteurs du journal de l'enregistrement sont d'une opinion contraire : ils pensent, art. 5665, que *la formalité doit être donnée avant la remise des expéditions aux parties,* et nous savons que l'administration de l'enregistrement a écrit dans ce sens à des maires.

— Aucun fonctionnaire ne peut, d'ailleurs, admettre l'expédition, sans que la formalité de l'enregistrement ait été remplie.

(1) Décision du ministre des finances, du 8 juin 1821.

par ses fonctions, chargé de la surveillance des registres de l'état civil et de tout ce qui tient à l'ordre public, il est du devoir de l'officier de l'état civil de l'instruire des déclarations faites tardivement, et des naissances ou décès qui parviennent à sa connaissance, sans que la déclaration en ait été faite (1), comme aussi de lui rendre compte de ce qui peut intéresser l'état des personnes, afin que ce magistrat prenne les mesures convenables.

68. Il doit également s'adresser à lui pour la solution des questions qui se présentent ; il peut même, dans des cas graves, consulter directement, soit le procureur général près la cour royale du ressort, soit le garde des sceaux ; mais, toute la responsabilité pesant sur lui seul, il n'est jamais tenu de suivre l'avis qui lui est donné et peut attendre qu'il soit intervenu une décision judiciaire (2) : c'est alors aux parties à provoquer cette décision dans la forme voulue par la loi.

(1) Code d'instruction criminelle, art. 29.
(2) On peut consulter, à cet égard, un décret du 16 août 1808, portant qu'en cas de doute sur l'individualité d'une personne qui se présente pour contracter mariage, il y a lieu de recourir à une décision de l'autorité judiciaire.

SECTION II.

DES REGISTRES HORS DU ROYAUME.

SOMMAIRE.

69. Des registres destinés aux actes concernant des militaires et employés aux armées, hors du royaume, et des formalités à remplir.

70. Ils ne sont pas sur papier timbré.

71. Par qui ils sont cotés et paraphés.

72. A bord des bâtimens, les actes sont inscrits à la suite des rôles de l'équipage.

73. Des formalités exigées pour la conservation de ces rôles.

74. Des registres tenus par les consuls et agens diplomatiques, en pays étranger, et des formalités à remplir.

75. Ils sont sur papier timbré.

76. De leur dépôt.

77. Une expédition de chaque acte doit être envoyée au ministre des affaires étrangères.

78. Tous les dépositaires des registres contenant des actes dressés hors de France peuvent en délivrer des extraits.

69. Il sera tenu, dans chaque corps de troupes, un registre pour les actes de l'état civil relatifs aux individus de ce corps, et un autre à l'état major de l'armée ou d'un corps d'armée, pour les actes civils relatifs aux officiers sans troupes et aux employés : ces registres seront conservés de la même

manière que les autres registres des corps et états majors, et déposés aux archives de la guerre, à la rentrée des corps ou armées sur le territoire du royaume (1).

Le volume et la forme des registres de l'état civil sont indifférens ; seulement il importe qu'ils soient établis de manière à se détériorer le moins possible, écrits très-lisiblement, et composés d'un assez grand nombre de feuilles pour qu'il ne soit pas besoin de les renouveler pendant la campagne.

Ils doivent être fournis par les corps et états majors ; et aussitôt la rentrée sur le territoire français, ils seront envoyés au ministre de la guerre, sauf à en établir de nouveaux, dans le cas où ces mêmes corps ou détachemens quitteraient encore le territoire français.

Ces registres doivent être continués si l'armée ne change que de dénomination, et l'on se bornera à faire mention de ce changement ; mais si, par l'effet d'une dislocation générale, un corps d'armée ou une division venait à être dissous, les registres qui auraient servi à cette division, seraient

(1) Code civil, art. 90.

Ce qui suit, jusqu'à la fin du n°, est extrait de l'inst. du ministre de la guerre, du 8 mars 1823.

déposés à l'état major général, pour être envoyés au ministre de la guerre.

Il doit en être de même pour ceux de chaque régiment ou portion de régiment qui serait amalgamé dans une autre corps...

En cas de renouvellement des registres de l'état civil, ou lorsque l'armée rentre sur le territoire français, ces registres doivent être renvoyés par les chefs d'état major et les conseils d'administration, puisque ce sont eux que la loi charge de veiller à leur conservation : l'officier qui a rempli les fonctions d'officier de l'état civil, doit provoquer cet envoi, au besoin, le requérir, et en rendre compte directement au ministre.

L'intendant militaire, chargé à l'état major de la tenue de ces registres, en enverra tous les mois au ministre de la guerre un extrait collationné. Il sera également adressé tous les mois au ministre de la guerre un extrait collationné des registres de l'état civil, pour les divers corps ou détachemens, par les officiers chargés de leur tenue.

Les registres de l'état civil, tenus à l'état major sont sous la garde et la surveillance du chef de l'état major, et doivent rester en dépôt dans ses bureaux ; cependant, s'il arrivait que des circonstances exigeassent qu'ils fussent momentanément confiés à l'intendant ou sous-intendant militaire pour faciliter la prompte inscription de quelques actes, ou les transporter chez un malade dont la signature serait nécessaire, le chef de l'état major pourrait en autoriser le déplacement.

C'est dans ses bureaux que les témoins et celui qui remplit les fonctions d'officier de l'état civil, doivent, en général, se rendre, pour que l'acte soit dressé; mais cette mesure, qui a pour objet de prévenir des difficultés, n'est pas indispensable pour la légalité de l'acte.

Les registres de l'état civil, dans chaque corps de troupe, doivent également rester, autant qu'il sera possible, entre les mains du conseil d'administration, et dans la caisse à trois clefs, lorsqu'il y en a une. Dans le cas contraire, le président du conseil, en a la garde et la surveillance. Il pourra, si les circonstances venaient à y donner lieu, les confier momentanément à l'officier chargé de leur confection.

70. Ces registres devraient être sur papier timbré (1); mais l'impossibilité de remplir cette formalité, à l'armée, empêche qu'elle ne reçoive son exécution.

(1) Code civil, art. 88.

71. Ils seront cotés et paraphés, dans chaque corps, par l'officier qui le commande; et à l'état major, par le chef de l'état major général (1).

Dans les compagnies isolées et dans les petits détachemens, il serait convenable que les registres de l'état civil fussent cotés et paraphés par le sous-intendant attaché à ce corps, comme tous les registres relatifs à l'administration. La loi, au surplus, n'a rien prévu à cet égard; l'art. 91 du Code, qui désigne pour cet objet l'officier commandant le corps, ne peut être applicable dans cette circonstance, puisque, suivant l'art. 89, cet officier doit lui-même rédiger les actes, et qu'il ne peut être sous sa propre surveillance. En général, dans le cas dont il s'agit ici, les registres doivent être cotés et paraphés, avant la séparation du détachement, par le commandant du corps; si cette formalité a été omise, ils le seront par le commandant de place, ou autre officier supérieur de l'officier commandant le détachement, dans le lieu où il se trouve; ou enfin, par un sous-intendant ou celui qui le remplace : car le vœu de la loi sera toujours rempli, lorsque l'identité du registre sera établie de

(1) Code civil, art. 91.

manière à ne pouvoir être contestée (1).

72. On ne peut se marier sur mer; mais lorsqu'il y a lieu de constater des naissances ou décès, les actes sont inscrits à la suite du rôle d'équipage (2).

73. Au premier port où le bâtiment abordera, soit de relâche, soit pour toute autre cause que celle de son désarmement, les officiers de l'administration de la marine, capitaine, maître ou patron, seront tenus de déposer deux expéditions authentiques des actes de naissance et de décès qu'ils auront rédigés, savoir, dans un port français, au bureau du préposé à l'inscription maritime; et dans un port étranger, entre les mains du consul.

A l'arrivée du bâtiment dans le port du désarmement, le rôle d'équipage sera déposé au bureau du préposé à l'inscription maritime (3).

Ce n'est point le cas d'entrer dans de plus longs détails : nous verrons, en parlans des diverses espèces d'actes, les autres formalités qui doivent suivre ces différens dépôts.

(1) Instruction du ministre de la guerre, du 8 mars 1823.
(2) Code civil, art. 59 et 86.
(3) Code civil, art. 60, 61 et 87.

74. Les actes reçus par les consuls et agens diplomatiques sont inscrits sur des registres particuliers tenus doubles, fournis par les agens français, cotés et paraphés par eux (1).

75. Ces registres doivent être sur papier timbré, comme ceux tenus en France.

76. Un des doubles registres est déposé à la chancellerie; l'autre doit être envoyé chaque année au ministre des affaires étrangères (2).

77. Les consuls et agens diplomatiques doivent également envoyer au ministre des affaires étrangères une expédition des actes qu'ils auraient reçus, pour être transmise aux officiers de l'état civil des domiciles de chaque partie (3).

78. Tous les dépositaires des registres contenant des actes délivrés hors de France dont nous venons de parler peuvent en délivrer des extraits qui font foi jusqu'à inscription de faux, pourvu qu'ils soient délivrés conformes aux registres (4), et légalisés (5).

(1) Circulaire du ministre des affaires étrangères, du 8 août 1814.
(2) *Idem.*
(3) *Idem.*
(4) Code civil, art. 45. Voyez n° 55.
(5) Voyez n°s 16, 57, 86.

LIVRE III.

DES ACTES.

TITRE PREMIER.

DISPOSITIONS GÉNÉRALES.

SECTION PREMIÈRE.

DES ACTES EN FRANCE.

SOMMAIRE.

79. Comment les actes sont inscrits sur les registres.
80. Ils sont rédigés en français : exception.
81. Énonciation qu'ils contiennent.
82. Indications à mettre en marge.
83. Devoirs des officiers publics, relativement à leur rédaction.
84. Cas où les parties ne comparaissent pas, et comment elles peuvent se faire représenter.
85. Formalités à observer pour les pièces produites.
86. De la légalisation des actes émanés des autorités militaires et de la marine ou faits en pays étranger.
87. Des actes passés à l'étranger.
88. Des témoins.

89. Il ne faut pas les confondre avec les comparans et les déclarans.

90. Lecture des actes doit être faite et mentionnée.

91. Par qui ils sont signés.

92. Il n'est rien dû pour leur confection ; ils sont exempts de l'enregistrement : exception.

93. Il ne peut y être fait de changement.

94. Cas où une rectification est nécessaire, et comment elle est faite.

95. Cas où la mention d'un acte doit avoir lieu en marge d'un autre déjà inscrit.

96. Des formules d'actes.

97. L'inobservation des formalités prescrites n'entraîne pas la nullité des actes ; mais toute contravention est punie.

79. Les actes seront inscrits sur les registres (1), de suite, sans aucun blanc (2).

Les ratures et les renvois seront approuvés et signés de la même manière que le corps de l'acte (3). Ils seront portés en marge, à moins que leur longueur n'exige qu'ils soient transportés à la fin des actes, auquel cas ils doivent être expressément approuvés (4).

(1) Voyez n° 30.
(2) Code civil, art. 42.
(3) *Idem.*
(4) Lettre du procureur général près la cour royale de Paris, au maire de Coulommiers, du 5 décembre 1822. Voyez aussi la loi sur le notariat du 25 ventôse an XI, art. 15.

Il ne sera rien écrit, dans les actes, par abréviation, et aucune date ne sera mise en chiffres (1).

80. Les actes seront rédigés en français : il n'y a d'exception que pour l'île de Corse (2).

81. Ils énonceront l'année, le jour (3) et l'heure où ils sont reçus, les prénoms, nom et qualité de l'officier public ; si c'est un adjoint, la délégation, l'absence ou la cause de l'empêchement du maire ; les prénoms, noms, âge, professions, titres (4) et domicile ou résidence de tous ceux qui y seront dénommés (5).

(1) Code civil, art. 42.

(2) Décret du 19 ventôse an XIII.

(3) L'officier public qui inscrirait sur les registres un acte sous une autre date que celle où il a été reçu, commettrait un faux et serait passible des peines applicables à ce crime. (Code pénal, art. 146; arrêt de la cour de cassation, du 4 mai 1810.)

(4) Charte constitutionnelle, art. 71. — Cela ne doit s'entendre que des titres de noblesse et non de ceux relatifs à la féodalité, qui est irrévocablement abolie : à l'égard de ces derniers, la disposition de l'art. 2 de la loi du 6 fructidor an II est toujours en vigueur.

(5) Code civil, art. 34.

Ces énonciations sont communes à tous les actes : celles particulières à chacun d'eux sont placées dans les chapitres suivans.

Il est nécessaire, ainsi qu'on le verra n° 89, de distinguer dans les actes les comparans et déclarans des témoins.

82. Chaque acte sera numéroté en marge, et portera, sous le numéro d'ordre, les noms de ceux qui seront l'objet de l'acte (1).

La marge doit, d'ailleurs, être assez grande pour qu'on puisse y faire des annotations (2).

83. Les officiers de l'état civil ne peuvent rien insérer dans les actes qu'ils reçoivent, soit par note, soit par énonciation quelconque, que ce qui doit être déclaré par les comparans (3).

Leur ministère se borne à recevoir les déclarations telles qu'elles sont faites, lorsqu'elles sont conformes à la loi : ils n'ont droit ni de les commenter, ni de les contredire, ni de les juger (4).

(1) Ordonnance du Roi, du 26 novembre 1823, art. 1, § 4.

(2) Code civil, art. 49; Code de procédure civile, art. 857. Voyez n°s 95, 334 et suivans.

(3) Code civil, art. 35.

(4) *Locré*, Esprit du Code civil, tome 2, page 14.

Mais ils peuvent s'assurer que les déclarans et les témoins ne se présentent pas
sous une fausse qualité, et s'arrêter, s'ils
soupçonnent de la fraude (1).

84. Dans le cas où les parties intéressées
ne sont pas obligées de comparaître en personne (2), elles pourront se faire représenter par un fondé de procuration spéciale et authentique (3).

La loi veut que la procuration soit spéciale : un pouvoir général, quelle que fût
d'ailleurs son étendue, ne serait donc pas
suffisant.

Elle exige, en outre, qu'elle soit authentique, c'est-à-dire par acte devant notaire (4), légalisé (5), s'il y a lieu.

85. Les procurations et les autres pièces
qui doivent demeurer annexées aux actes de
l'état civil, pour être déposées avec les registres, seront, ainsi que nous l'avons déjà

(1) *Idem,* page 87; *Toullier,* tome 1, n° 308.
(2) Voyez n°s 105 et 281.
(3) Code civil, art. 36.
(4) *Idem,* art. 1317; loi du 35 ventôse
an **XI**.
(5) Voyez n° 16, ce qu'on entend par légalisation,
et comment elle est faite suivant les différens cas.

dit, n° 40, paraphées par les personnes qui les auront produites et par l'officier de l'état civil (1).

On pourrait induire de la rédaction de cet article que certaines pièces produites peuvent être restituées aux parties; mais nous pensons que toutes celles dont la justification est nécessaire doivent être annexées aux actes.

On fera mention dans l'acte que les pièces produites ont été annexées.

La loi n'exige pas que les pièces soient attachées aux registres, mais seulement conservées en liasse (2), et déposées à la fin de l'année, afin que le ministère public puisse les vérifier avec les autres.

Il est important que la formalité du paraphe, trop fréquemment négligée, soit exactement remplie, puisqu'elle a été établie pour éviter des changemens de pièces.

Si la partie par laquelle la pièce est produite ne peut la parapher, il doit être fait mention de la cause qui l'en empêche.

86. Les pièces produites doivent, dans certains cas, être revêtues de la légalisation. Nous avons dit, n° 16, comment elle a

(1) Code civil, art. 44.
(2) *Locré*, Esprit du code civil, tome 2, page 55.

lieu pour un acte délivré en France par une autorité civile.

Si l'acte émane d'un officier de l'état civil militaire, la signature est légalisée par le ministre de la guerre, et celle de S. E. par le garde des sceaux, ministre de la justice.

S'il a été délivré par un officier public de la marine, la signature est légalisée par le ministre de la marine, et celle de S. E. par le garde des sceaux, ministre de la justice.

Il en est de même, s'il vient des colonies.

S'il est tiré des registres d'un ambassadeur ou d'un consul, la signature est légalisée par le ministre des affaires étrangères, et celle de S. E. par le garde des sceaux, ministre de la justice.

Enfin, s'il a été fait à l'étranger, la signature du fonctionnaire étranger sera légalisée par l'agent diplomatique ou le consul résidant dans le pays, celle de cet envoyé par le ministre des affaires étrangères, celle de S. E. par le garde des sceaux, ministre de la justice.

87. Les actes passés à l'étranger, par des fonctionnaires étrangers, sont valables, s'ils ont été rédigés dans les formes usitées dans

le pays (1); mais ces formes étant inconnues en France, l'officier de l'état civil peut exiger, à l'appui, un certificat de l'agent français ou du ministre des affaires étrangères.

Il doit encore, si l'acte n'est pas en français, s'en faire donner une traduction faite par un expert assermenté.

Nous rappellerons ici que toutes les fois que l'officier de l'état civil éprouve quelque embarras, il doit consulter le procureur du Roi. Voyez n° 68.

88. Les témoins produits aux actes de l'état civil ne pourront être que du sexe masculin, âgés de vingt-un ans au moins, parens ou autres; et ils seront choisis par les personnes intéressées (2).

La loi n'exige pas ici la jouissance des droits civils, comme elle l'exige à l'égard des témoins appelés aux testamens (3): un étranger peut donc être témoin. Il en est autrement du mort civilement (4) et de celui qui a encouru la privation temporaire

(1) Code civil, art. 47. Voyez n° 100.

(2) *Idem,* art. 37.

(3) *Idem,* art. 980.

(4) *Idem,* art. 25.

portée par l'article 42 du Code pénal.

89. Il ne faut pas confondre les comparans et déclarans avec les témoins (1). Les qualités des premiers varient suivant les différentes espèces d'actes : nous les indiquerons, ainsi que le nombre des témoins, qui n'est pas toujours le même, dans les chapitres suivans.

Les comparans ou déclarans ne sauraient être témoins.

90. L'officier de l'état civil donnera lecture des actes aux parties comparantes, ou à leur fondé de procuration, et aux témoins.

Il y sera fait mention de l'accomplissement de cette formalité (2).

91. Les actes seront signés par l'officier de l'état civil, par les comparans et les témoins ; ou mention sera faite de la cause qui empêchera les comparans et les témoins de signer (3).

Outre les personnes nécessaires à la validité des actes, il arrive, notamment dans les campagnes, que des parens ou des amis

(1) Code civil, art. 39.
(2) *Idem*, art. 38.
(3) *Idem*, art. 39.

se présentent pour assister les parties intéressées et demandent à signer. Des officiers
publics les admettent : c'est à tort. La loi
n'a pas voulu que les actes se compliquas-
sent par le concours d'individus inutiles à
leur confection, et les signatures surabon-
dantes y jeteraient souvent de la confusion
par la ressemblance des noms (1).

92. Il n'est rien dû pour la confection
des actes et leur inscription dans les registres, voyez n° 64.

Ils ne sont pas non plus assujettis à la formalité de l'enregistrement (2), à l'exception de ceux de reconnaissance d'enfans
naturels (3) et d'adoption (4).

93. Dès que l'acte est revêtu des signatures, il ne peut plus subir de changemens
Si, néanmoins, dans l'instant qui suit la
rédaction, on s'aperçoit qu'il s'y est glissé
une erreur, cela n'empêcherait pas qu'on
ne pût la rectifier immédiatement avec le

____

(1) *Hutteau d'Origny*, de l'État civil et des améliorations dont il est susceptible, page 37 ; *Char-
villac*, Guide des officiers de l'état civil, 1812,
page 125.
(2) Loi du 22 frimaire an VII, art. 70, § 3, 8°.
(3) Voyez n° 66, 145 et suivans.
(4) Voyez n° 158.

concours de tous ceux qui y sont présens(1).

94. Hors ce cas, les lacunes, omissions, erreurs dans les registres de l'état civil ne pourront être remplies, suppléées ou réparées, que d'après un jugement des tribunaux, provoqué, ou par les particuliers qui y ont intérêt, ou par le ministère public (2).

Cependant si les actes manquent seulement sur l'un des registres, ils peuvent y être inscrits, sans qu'il soit besoin de jugement, pourvu que leur authenticité ne soit point équivoque (3).

L'officier de l'état civil ne peut, en outre, ainsi que nous l'avons déjà dit plus haut, se permettre de toucher aux registres déposés à la mairie, sans en avoir référé au procureur du Roi, qui lui indiquera les mesures à prendre, suivant les circonstances. Voyez, au surplus, pour la recti-

(1) Lettre du ministre de la justice à un maire de Paris, du 29 prairial an XIII.

(2) Avis du conseil d'état, des 13 nivôse an X, 12 brumaire an XI, 30 frimaire an XII. — Ce dernier avis, dont nous rapportons les expressions, parce qu'il confirme les principes contenus dans les deux autres, n'a pas été inséré au Bulletin des lois.

(3) Décision du garde des sceaux, rapportée dans une circulaire du procureur général près la cour royale de Paris, du 14 février 1818.

fication des actes et les formalités à observer dans ce cas, ci-après, titre VII.

95. Dans tous les cas où la mention d'un
acte relatif à l'état civil devra avoir lieu en
marge d'un autre acte déjà inscrit, elle sera
faite à la requête des parties intéressées,
par l'officier de l'état civil, sur les deux registres, s'ils sont encore en sa possession,
sinon, par le même officier, sur le double
déposé aux archives de la commune, et par
le greffier du tribunal de première instance
sur celui déposé au greffe; à l'effet de quoi
l'officier de l'état civil en donnera avis, dans
les trois jours, au procureur du Roi, près
ledit tribunal, qui veillera à ce que la mention soit faite d'une manière uniforme sur
les deux registres (1). Voyez n° 333 et suiv.

96. Lors de la discussion du Code civil,
on proposa de donner des modèles d'actes
aux officiers de l'état civil, et de les obliger
de s'y conformer, mais cette proposition
fut rejetée.

Néanmoins, le ministre de l'intérieur
adressa, le 25 fructidor an XII, aux préfets,
pour être transmis aux officiers de l'état civil, des formules d'actes pour leur servir
de guide.

(1) Code civil, art 49.

On les trouvera à la fin de l'ouvrage ; nous en avons ajouté quelques-unes qui avaient été omises, en les indiquant, et nous avons proposé quelques changemens que nous croyons nécessaires.

Comme toutes les instructions ministérielles, elles ne sont pas strictement obligatoires ; mais les officiers publics feront bien de s'y conformer, parce qu'elles ont été rédigées avec soin.

97. Quoique toutes les formalités prescrites pour la rédaction des actes soient de la plus grande importance, la peine de nullité n'a cependant point été attachée à leur inobservation.

Mais toute contravention aux formalités exigées est punie d'une amende qui ne peut excéder 100 francs (1), sauf ce qui a été dit, n° 3o, relativement à l'inscription des actes sur une feuille volante, et sans préjudice des dommages-intérêts des parties, s'il y a lieu (2).

À l'égard des altérations, faux et autres crimes et délits, ainsi que du tribunal devant lequel les poursuites ont lieu , dans les différens cas, voyez ce qui a été dit n° 43 à 47.

(1) Code civil, art. 5o.
(2) *Idem,* art. 1383.

SECTION II.

DES ACTES HORS DU ROYAUME.

SOMMAIRE.

98. Des actes concernant des militaires et employés aux armées hors du royaume.
99. De ceux reçus sur mer.
100. De ceux dressés en pays étranger.

98. Les actes de l'état civil faits hors du territoire du royaume (1), concernant des militaires ou autres personnes employées à la suite des armées (2), seront rédigés dans les formes prescrites pour tous les actes de l'état civil, sauf quelques exceptions (3) que nous indiquerons en parlant des diverses espèces d'actes.

(1) Voyez nº 22, à la note.
(2) On doit entendre par ces expressions *même ceux qui, n'étant ni officiers, ni engagés dans les troupes, se trouvent à la suite de l'armée, ou chez l'ennemi, soit à cause de leur emploi ou fonctions, soit pour le service qu'ils rendent aux officiers, soit à l'occasion de la fourniture des vivres et munitions.* (Art. 31 de l'ordonnance de 1735.)
(3) Code civil, art. 88.

99. Il en est de même des actes faits sur mer : nous ferons connaître les formalités à remplir, dans les titres relatifs aux actes de naissances et de décès ; il n'y a pas lieu, ainsi que nous l'avons dit n° 72, de s'occuper des actes de mariage.

100. A l'égard de ceux faits en pays étrangers, s'ils ont été reçus par les agens diplomatiques ou par les consuls français, ils sont valables, lorsqu'ils l'ont été conformément aux lois françaises (1) : toutes les formalités que nous avons indiquées sont donc nécessaires, voyez n° 77 ; s'ils sont rédigés par des agens étrangers, les formes usitées dans le pays doivent alors être suivies (2). Voyez en outre, n° 87.

(1) Code civil, art. 48.
(2) Code civil, art. 47. — Voici ce que dit, à cet égard, l'orateur du tribunat : « La loi permet aux Français qui sont momentanément à l'étranger, de suivre les formes usitées dans les pays où ils se trouvent, ou de profiter du bénéfice de la loi française, en s'adressant aux agens diplomatiques de leur nation qui sont considérés comme officiers de l'état civil. On a donné, à cet égard, quelque extension à l'ordonnance de 1681. »

TITRE II.

DES ACTES DE NAISSANCE.

SECTION PREMIÈRE.

DES ACTES DE NAISSANCE EN FRANCE.

SOMMAIRE.

116. Des noms et prénoms qui leur seront donnés.

117. A qui appartient la désignation de ces noms et prénoms.

101. Les déclarations de naissance seront faites, dans les trois jours de l'accouchement, à l'officier de l'état civil du lieu (1).

Lorsque les trois jours sont expirés, l'officier public ne peut recevoir la délaration : la peine portée par le Code pénal, voyez n° 105, est encourue (2).

Dans le délai accordé, le jour de l'accouchement n'est pas compté.

102. La cérémonie du baptême peut être faite avant la déclaration de naissance.

103. L'enfant sera présenté à l'officier de l'état civil (3).

Il est important que la présentation soit toujours exigée, parce qu'elle est destinée à prévenir de graves abus. Voyez n° 108.

104. L'officier public peut, si l'enfant est hors d'état d'être transporté, se rendre

______

(1) Code civil, art. 55.
(2) Avis du conseil d'état, du 12 brumaire an XI.
(3) Code civil, art. 55.

dans la maison où il est né (1). La loi, en se bornant à décider que l'enfant serait présenté, sans spécifier dans quel lieu, laisse à cet égard la plus grande latitude (2). L'acte fera mention du transport et des circonstances qui l'ont nécessité.

105. La déclaration sera faite, dans le délai fixé (3), par le père, ou à défaut du père, par les docteurs en médecine ou en chirurgie, sages-femmes, officiers de santé ou autres personnes qui auront assisté à l'accouchement; et lorsque la mère sera accouchée hors de son domicile, par la personne chez qui elle sera accouchée (4); et ce sous peine d'un emprisonnement de six jours à six mois, et d'une amende de 16 francs à 200 francs (5).

La déclaration de l'une des personnes qui ont assisté à l'accouchement est indispensable pour assurer l'identité de l'enfant.

Cette déclaration peut être faite par un mineur.

Nous avons indiqué, n° 67, quel était le

(1) Loi du 20 septembre 1792, tit. 3, art. 6.
(2) *Locré*, Esprit du Code civil, tome 2, page 82.
(3) Voyez n° 101.
(4) Code civil, art. 56.
(5) Code pénal, art. 346.

devoir de l'officier de l'état civil, dans le cas de déclaration tardive, et dans celui où une naissance parvenait à sa connaissance, sans que la déclaration lui en ait été faite.

106. L'acte de naissance sera rédigé de suite, en présence de deux témoins (1).

107. L'acte de naissance énoncera le jour, l'heure et le lieu de la naissance , le sexe de l'enfant, et les prénoms qui lui seront donnés, les prénoms, noms, profession et domicile des père et mère, et ceux des témoins (2).

108. L'officier de l'état civil vérifiera le sexe de l'enfant (3).

109. Les noms en usage dans les différens calendriers, et ceux des personnages connus de l'histoire ancienne, peuvent seuls être reçus comme prénoms, dans les actes

(1) Code civil, art. 56.

(2) Code civil, art. 57. Voyez les formules nᵒ 1, 2, 3, 4, 5.

(3) La loi du 20 septembre 1792 l'exigeait formellement : cette obligation résulte aujourd'hui de la nécessité de la présentation (Code civil, art. 55.). Voyez nᵒ 103.

de naissance, et il est interdit aux officiers publics d'en admettre aucun autre (1).

110. Le père ne doit être nommé que quand son mariage avec la mère est constant, ou bien s'il se déclare (2) en personne ou par son fondé de procuration spéciale et authentique. Sinon, la recherche de la paternité étant interdite (3), on ne peut insérer dans l'acte le nom du père désigné par les comparans et même par la mère (4). Celui à qui la paternité aurait été ainsi attribuée sans son aveu, serait admis à faire rectifier l'acte : l'officier de l'état civil et les déclarans seraient passibles des frais du jugement de rectification, et pourraient même l'être, suivant les circonstances, de dommages intérêts (5).

Lors même que le père se déclarerait en personne ou par un fondé de pouvoir, si

(1) Loi du 11 germinal an XI, art. 1.

(2) Code civil, art. 334.

(3) *Idem*, art. 340.

(4) Le sens de l'art. 57 est qu'on n'énoncera que le père qui *veut* ou qui *doit* être déclaré. (Exposé des motifs par M. *Siméon*, séance du corps législatif du 9 ventôse an XI.)

(5) Arrêt de la cour royale de Besançon, du 3 juin 1808.

l'enfant était incestueux(1) ou adultérin(2), sa déclaration ne devrait pas encore être admise, parce qu'en pareil cas la reconnaissance serait prohibée (3).

Il en serait cependant autrement, si l'enfant était né de personnes entre lesquelles le mariage n'est pas prohibé d'une manière absolue, mais qui auraient besoin de dispense, à cause de la parenté (4) : la déclaration du père, faite en personne ou par un fondé de pouvoir, pourrait alors être insérée dans l'acte.

111. La mère étant certaine doit toujours être nommée lorsqu'elle y consent, mais les déclarans ne sont pas obligés de la faire connaître, quand elle ne le veut pas, ni de dire si elle est mariée ou non, et l'officier de l'état civil n'aurait pas le droit de rechercher si le nom déclaré est véritablement le sien.

112. Lorsque l'enfant est décédé avant d'avoir été présenté à l'officier de l'état civil, un seul acte est dressé. Voyez n° 301, et la formule n° 21.

(1) Voyez n° 131.
(2) Voyez n° 132.
(3) Code civil, art. 335.
(4) *Idem*, art. 163, 164.

113. En cas de naissance d'enfans jumeaux, il doit être dressé un acte séparé pour chacun d'eux. L'heure de la naissance sera indiquée avec exactitude, afin qu'on sache quel est l'aîné (1), et, s'ils ont des marques qui puissent servir à les distinguer, on en fera mention.

114. Les Juifs, comme tous les sujets du royaume, sont soumis aux règles relatives à l'état civil : un décret particulier (2) a même forcé ceux qui n'avaient point de nom de famille et de prénoms fixes à en adopter dans un délai déterminé (3); mais ils n'ont point été admis à présenter comme noms de famille aucun nom tiré de l'ancien testament, ni aucun nom de ville. Des officiers publics avaient pensé que les prénoms de leurs enfans devaient être pris dans le calendrier. C'était une erreur : ils ont la faculté de choisir parmi les person-

(1) C'est ce qui a fait décider que l'heure de la naissance serait toujours exprimée : avant le Code civil, cette énonciation n'était pas exigée. (*Locré, Esprit du Code civil*, tome 2, page 92.)

(2) Décret du 20 juillet 1808.

(3) Dans les trois mois. Voyez, pour l'exécution de cette mesure, le décret précité et l'instruction du ministre de l'intérieur, du 8 septembre 1808.

nages de la Bible, qui fait partie de l'histoire ancienne, les prénoms qu'ils veulent donner à leurs enfans (1).

125. Toute personne qui aura trouvé un enfant nouveau-né sera tenue de le remettre à l'officier de l'état civil, ainsi que les vêtemens et autres effets trouvés avec l'enfant, et de déclarer toutes les circonstances du temps et du lieu où il aura été trouvé (2), et ce sous peine d'un emprisonnement de six jours à six mois, et d'une amende de seize francs à trois cents francs. Cette disposition n'est point applicable à celui qui aurait consenti à se charger de l'enfant, et qui aurait fait sa déclaration à cet égard, - devant la municipalité du lieu où l'enfant a été trouvé (3).

C'est aussi à l'officier de l'état civil de la commune dans laquelle il a été trouvé que l'enfant doit être remis.

Il en sera dressé un procès-verbal détaillé, qui énoncera, en outre, l'âge apparent de l'enfant, son sexe, les noms qui lui

(1) Décret précité, art. 3; loi du 11 germinal an XI, art. 1; circulaire du ministre de l'intérieur, du 28 septembre 1813.

(2) Code civil, art. 58.

(3) Code pénal, art. 347.

seront donnés, l'autorité civile à laquelle il sera remis (1). Ce procès-verbal sera inscrit sur les registres (2).

116. Ces dispositions sont précises : il doit être donné des noms à l'enfant trouvé, présenté à l'officier public ; ces noms doivent être tels, par exemple, que, s'il n'y en a que deux, le premier soit considéré comme nom de baptême, et l'autre devienne, pour l'enfant qui le reçoit, un nom de famille transmissible à ses propres descendans.

Pour le choix du nom de baptême, on doit suivre les usages et les règles ordinaires. Quant au nom de famille, il faut avoir soin de ne pas donner le même à plusieurs.

Pour prévenir des confusions et des réclamations bien fondées, on doit éviter de donner aux enfans trouvés des noms connus pour appartenir à des familles existantes, et qui sont pour elles une sorte de propriété souvent très-précieuse. Il faut donc chercher ces noms, soit dans l'histoire des temps passés, soit dans les circonstances

____

(1) Voyez le décret du 19 janvier 1811 (Bull. des lois, n° 6478), concernant les enfans trouvés ou abandonnés et les orphelins pauvres.

(2) Code civil, art. 58. Voyez la formule n° 6.

particulières à l'enfant, comme sa confor-
mation, ses traits, son teint, le pays, le lieu,
l'heure où il a été trouvé. Il convient, néanmoins, d'observer qu'il faut rejeter avec
soin toute dénomination qui serait indé-
cente ou ridicule, ou propre à rappeler en
toute occasion que celui à qui on l'a donnée
est un enfant trouvé. Mais ces noms ne doivent pas être deux ou trois noms communs
à tous les enfans trouvés du même lieu, ou
même à plusieurs d'entre eux ; il convient
que ce soit des noms différens pour les divers individus (1).

117. Il résulte de ce qui précède que c'est
à l'officier de l'état civil et non à la personne
qui a trouvé l'enfant, à désigner les nom et
prénoms qui lui seront donnés.

(1) Circulaire du ministre de l'intérieur, du 30
juin 1812.

SECTION II.

DES ACTES DE NAISSANCE HORS DU ROYAUME.

SOMMAIRE.

118. Des actes de naissance à l'armée.
119. Envois à faire d'expéditions des actes.
120. Devoir de l'officier de l'état civil en France qui reçoit de l'armée l'expédition d'un acte.
121. Des actes de naissance sur mer.
122. Envois à faire d'expéditions des actes, et devoir de l'officier de l'état civil en France qui les reçoit.
123. Des actes de naissance en pays étranger.
124. Envoi à faire d'expéditions des actes, et devoir de l'officier de l'état civil en France qui les reçoit.

118. Les déclarations de naissance à l'armée (1) seront faites dans les dix jours qui suivront l'accouchement (2).

Cet article fait exception à l'art. 55 (3), qui n'accorde que trois jours pour les déclarations : quant aux autres formalités, elles devront être les mêmes, hors du territoire, que dans l'intérieur, et les officiers de l'état

(1) Voyez les notes des nos 22 et 98.
(2) Code civil, art. 92.
(3) Voyez no 101.

civil se conformeront, à cet égard, aux dispositions générales relatives aux actes de naissance (1).

119. L'officier chargé de la tenue du registre de l'état civil devra, dans les dix jours qui suivront l'inscription d'un acte de naissance audit registre, en adresser un extrait à l'officier de l'état civil du dernier domicile du père de l'enfant, ou de la mère si le père est inconnu (2).

Afin d'éviter les erreurs que pourraient commettre des bataillons ou escadrons qui, étant détachés du corps, n'ont point sous les yeux les registres-matricules, l'officier de l'état civil enverra l'extrait mentionné en cet article au dépôt du corps, où il sera confronté avec le signalement du père de l'enfant, s'il est connu, et transmis par le conseil d'administration au lieu de son dernier domicile, ou de celui de la mère, dans le cas où le père serait inconnu.

On doit considérer comme dernier domicile le lieu de naissance de l'individu, à moins d'une déclaration contraire.

Un double de cet extrait sera, en outre,

(1) Instruction du ministre de la guerre, du 8 mars 1823.
(2) Code civil, art. 93.

envoyé au ministre de la guerre, et le numéro du registre-matricule sous lequel le père aura été signalé, sera relaté avec soin sur ledit acte de naissance.

Dans le cas où des corps entiers se trouveraient hors du territoire français, ils transmettraient directement lesdits extraits, ainsi qu'il est prescrit ci-dessus (1).

120. L'officier de l'état civil du domicile des parties auquel il aura été envoyé de l'armée expédition d'un acte de l'état civil, sera tenu de l'inscrire de suite sur les registres (2).

121. S'il naît un enfant pendant un voyage de mer, l'acte de naissance sera dressé dans les vingt-quatre heures, en présence du père, s'il est présent, et de deux témoins pris parmi les officiers du bâtiment, ou, à leur défaut, parmi les hommes de l'équipage (3).

____

(1) Instruction du ministre de la guerre, du 8 mars 1823.—Voyez modèle n° 22.

(2) Code civil, art. 98. Voyez n° 95. — La loi ne dit pas qu'on mentionnera l'acte, à sa date, en marge du registre, et nous pensons qu'il n'y a pas lieu à le faire.

(3) Code civil, art. 59.

On suivra, d'ailleurs, les formalités prescrites pour les actes de naissance dans les cas ordinaires.

122. Ainsi que nous l'avons dit n° 73, au premier port où le bâtiment abordera, soit de relâche, soit pour toute autre cause que celle de son désarmement, les officiers de l'administration de la marine, capitaine, maître ou patron, seront tenus de déposer deux expéditions authentiques (1) des actes de naissance qu'ils auront rédigés, savoir, dans un port français, au bureau du préposé à l'inscription maritime; et dans un port étranger, entre les mains du consul.

L'une de ces expéditions restera déposée au bureau de l'inscription maritime, ou à la chancellerie du consulat; l'autre sera envoyée au ministre de la marine, qui fera parvenir une copie, de lui certifiée, de chacun desdits actes, à l'officier de l'état civil du domicile du père de l'enfant, ou de la mère, si le père est inconnu : cette copie

____

(1) On doit entendre par *expéditions authentiques*, des copies délivrées conformes à l'original par l'officier qui a reçu l'acte. (Code civil, article 1317.)

sera inscrite de suite sur les registres (1).

A l'arrivée du bâtiment dans le port du désarmement, le rôle d'équipage sera déposé au bureau du préposé à l'inscription maritime, qui enverra une expédition de l'acte de naissance, de lui signée, à l'officier de l'état civil du domicile du père de l'enfant, ou de la mère, si le père est inconnu : cette expédition sera inscrite de suite sur les registres (2).

Il résulte de ce qui précède qu'une double inscription de l'acte doit être faite sur les registres, par l'officier de l'état civil en France (3).

123. A l'égard des enfans nés en pays étranger, la naissance pourra, comme nous l'avons dit précédemment (4), être constatée ou par les agens diplomatiques et consuls français, conformément aux lois françaises (5), et, dans ce cas, toutes les formalités que nous avons indiquées pour les actes passés en France devront être observées, ou

(1) Code civil, art. 60.
(2) Code civil, art. 61.
(3) Voyez nº 95, et la note sur le nº 120.
(4) Voyez nº 100.
(5) Code civil, art. 48.

par les agens étrangers, suivant les lois et usages du pays (1).

124. Les consuls et agens diplomatiques doivent également envoyer au ministre des affaires étrangères des expéditions des actes qu'ils auront reçus, pour être transmises aux officiers de l'état civil du domicile de chaque partie (2).

L'officier de l'état civil inscrira de suite l'expédition sur les registres. Voyez n° 95 et la note sur le n° 120.

(1) Code civil, art. 47. Voyez n° 87.
(2) Circulaire du ministre des affaires étrangères, du 8 août 1814.

TITRE III.

DES ACTES DE RECONNAISSANCE D'ENFANS NATURELS.

SECTION PREMIÈRE.

DES ACTES DE RECONNAISSANCE D'ENFANS NATURELS EN FRANCE.

SOMMAIRE.

125. Définition de l'acte de reconnaissance d'un enfant naturel.

126. La reconnaissance peut être faite par le père ou la mère et par un fondé de pouvoir.

127. *Idem* par un époux au profit d'un enfant qu'il a eu avant son mariage d'un autre que de son conjoint: la femme n'a pas besoin d'autorisation.

128. *Idem* par un mineur, un interdit, un condamné à une peine afflictive temporaire.

129. Il en est autrement à l'égard du mort civilement.

130. Définition des enfans naturels proprement dits.

131. *Idem* des incestueux.

132. *Idem* des adultérins.

133. Quels sont les enfans qui peuvent être reconnus.

134. La reconnaissance est valable dès que l'enfant est conçu.

135. *Idem* après sa mort.

125. L'acte de reconnaissance d'un enfant naturel est celui qui constate un aveu de paternité ou de maternité.

126. Cet aveu peut être fait seulement par les père et mère (1), ou en leur nom par un fondé de pouvoir spécial et authentique (2).

Chacun d'eux a droit de le faire sans l'indication et le consentement de l'autre (3).

127. La reconnaissance faite par un époux, au profit d'un enfant naturel qu'il aurait eu, avant le mariage, d'un autre que de son conjoint, est même valide (4); et, en pareil cas, la femme n'a pas besoin de l'autorisation de son mari ou de la justice (5).

128. Celle faite par un mineur, même non émancipé et sans l'assistance de son tuteur, est également valable (6).

Il en est de même de celle d'un individu

----

(1) Mais non par les aïeux et aïeules.

(2) Code civil, art. 36.

(3) *Idem*, art. 336, 337.

(4) Code civil, art. 337. — Mais cette reconnaissance ne nuirait ni à l'autre époux, ni aux enfans nés de ce mariage : elle ne produirait son effet qu'après la dissolution du mariage, s'il n'en restait pas d'enfans. (Code civil, même article.)

(5) Code civil, art. 357. — *Malleville*, Analyse du Code civil, t. 1er, p. 334. *Toullier*, Droit civil français t. 2, n° 961. *Loyseau*, traité des enfans naturels, p. 413 et suivantes.

(6) Arrêts de la cour de Bruxelles, du 4 février 1808, et de la cour de cassation, du 22 juin 1813.

pourvu d'un conseil judiciaire (1), ou frappé d'interdiction (2), ou condamné à une peine afflictive temporaire (3).

129. Mais cette reconnaissance ne pourrait être faite par un mort civilement (4).

130. Les enfans naturels sont ceux conçus hors mariage. On en distingue trois espèces :

Les naturels proprement dits, dont le père et la mère pouvaient, sans aucun empêchement, contracter mariage au moment de la conception.

131. Les incestueux, dont le père et la mère ne pouvaient contracter mariage pour cause de parenté ou d'alliance.

132. Les adultérins, dont le père et la mère, ou l'un d'eux seulement, étaient, au moment de la conception, engagés dans les liens du mariage avec une autre personne.

133. Les enfans naturels, proprement

______

(1) Code civil, art. 513.
(2) *Idem,* art. 509.
(3) Code pénal, art. 29. — Voyez *Loyseau,* Traité des enfans naturels, p. 483 à 490.
(4) Code civil, art. 25.

dits, peuvent seuls jouir du bénéfice de la reconnaissance; elle est prohibée à l'égard des incestueux et des adultérins (1).

La reconnaissance ne pourrait même avoir lieu, quoique l'origine ne fût point incestueuse, si elle entraînait un inceste. Par exemple, un homme a un fils légitime et une fille naturelle *non-reconnue;* ceux-ci se marient ensemble : le père ne pourra pas reconnaître sa bru, parce que sa reconnaissance établirait, entre les époux, un lien de fraternité qui rendrait leur union incestueuse (2).

134. La reconnaissance est admissible même avant la naissance de l'enfant: il suffit qu'il soit conçu (3).

135. Elle l'est également après sa mort (4).

136. Nul ne pouvant avoir deux pères ou deux mères, il est évident que l'enfant déjà reconnu par une personne ne saurait l'être par une autre.

(1) Code civil, art. 335.
(2) *Loyseau,* Traité des enfans naturels, p. 491.
(3) Code civil, 906. — *Locré,* Esprit du Code civil, t. 5, p. 246. — Arrêt de la cour de cassation, du 16 décembre 1811.
(4) Code civil, art. 332.

137. La reconnaissance d'un enfant naturel sera faite, ou dans son acte de naissance, ou dans tout autre acte authentique (1).

138. Nous avons parlé du premier cas, n° 110 (2); mais la reconnaissance peut toujours en outre, être reçue par un officier de l'état civil, car ce fonctionnaire est compétent toutes les fois qu'il s'agit de constater l'état des citoyens. Il n'est pas même nécessaire qu'il ait reçu l'acte de naissance, la loi n'ayant rien prescrit à cet égard (3).

139. L'officier de l'état civil n'est pas juge du mérite de la reconnaissance; il n'a donc pas le droit de refuser la déclaration qui lui est faite, à moins que ce ne soit dans l'un des cas où elle serait prohibée et que nous avons indiqués pour cette raison, par exemple, lorsqu'il y a inceste ou adultère. Autrement, c'est aux parties intéressées à demander la nullité de la reconnaissance, si elles le jugent convenable.

(1) Code civil, art. 334.
(2) Voyez aussi les formules n°s 3 et 4.
(3) *Locré*, Esprit du code civil, t. 5, p. 248.

140. Lorsque la reconnaissance d'un enfant naturel sera faite devant un officier de l'état civil, on suivra les formes communes à tous les actes, voyez titre Ier : seulement la présence de témoins ne sera pas nécessaire (1).

141. L'acte de reconnaissance sera inscrit sur les registres, à sa date; et il en sera fait mention en marge de l'acte de naissance, s'il en existe un (2).

Si la reconnaissance a eu lieu devant un officier de l'état civil autre que celui qui a reçu l'acte de naissance, ou devant une autre autorité, elle sera transcrite sur le registre par le dépositaire de l'acte de naissance, et mention en sera faite en marge de cet acte. Une expédition en forme authentique lui sera remise à cet effet, et demeurera annexée au registre. La transcription sera faite à la date de la remise de l'expédition. A l'égard de la double mention, voyez n° 95.

Il ne sera plus délivré d'expédition de l'acte de naissance, qu'avec la mention de la reconnaissance.

(1) Arrêt de la cour royale de Paris, du 1er février 1812. — Voyez la formule n° 7.
(2) Code civil, art. 62.

142. Les enfans naturels peuvent, indépendamment de la reconnaissance, être légitimés.

143. La légitimation est, ainsi que le mot l'indique, une fiction de la loi qui attribue aux enfans naturels les droits et les honneurs de la légitimité.

144. Elle a lieu par le mariage subséquent des père et mère, lorsque les enfans ne sont ni incestueux, ni adultérins, et qu'ils ont été reconnus avant le mariage, ou le sont dans l'acte même de célébration (1).

145. Les actes de reconnaissance d'enfans naturels sont assujettis à l'enregistrement, mais, comme nous l'avons dit, sur la première expédition, et autant qu'elle est requise. Voyez n° 66.

146. Il est perçu, pour l'accomplissement de cette formalité, un droit fixe de 2 fr., lorsque la reconnaissance a lieu par acte de célébration de mariage, ou de toute autre manière, devant l'officier de l'état civil (2),

(1) Code civil, art. 331.
(2) Loi du 28 avril 1816, art. 43, 22°; décision du ministre des finances, du 5 août 1816.

et un droit fixe de 5 fr. (1), lorsqu'elles sont faites autrement, plus le décime pour franc à titre de subvention de guerre.

147. Il n'est dû qu'un droit fixe de 2 fr. pour un acte de mariage contenant la reconnaissance et légitimation de plusieurs enfans naturels (2).

148. Il n'est rien dû pour la reconnaissance faite dans l'acte de naissance (3).

149. Les reconnaissances d'enfans naturels ne peuvent être mentionnées en marge des actes de naissance, sans avoir été préalablement enregistrées, à moins qu'elles n'aient été faites devant l'officier de l'état civil qui a reçu les actes de naissance auxquels elles s'appliquent; le droit doit être perçu sur les expéditions d'actes de naissance faisant mention de reconnaissances

(1) Loi du 28 avril 1816, art. 45, 7°.

(2) Décision du ministre des finances, du 17 décembre 1819. (Journal de l'enregistrement, art. 6625.)

(3) Décision de l'administration de l'enregistrement et des domaines, du 16 mai 1821.

d'enfans naturels, sans attester l'enregistrement des reconnaissances (1).

150. Les actes de reconnaissance d'enfans naturels appartenant à des individus notoirement indigens, sont enregistrés *gratis* (2), mais ne sont pas exempts de la formalité du timbre (3).

151. L'indigence sera constatée par un certificat du maire, légalisé par le sous-préfet de l'arrondissement. Voyez n° 16.

152. A Paris, les expéditions sont délivrées *gratis* aux individus porteurs de certificats des bureaux de charité : la ville dispense de tous droits, et fait l'avance du prix du papier timbré qui lui est remboursé par l'administration des hospices.

(1) Décision du ministre des finances, du 22 janvier 1819. (Journal de l'enregistrement, art. 6276.)
(2) Loi du 15 mai 1818, art. 77.
(3) Décision du ministre des finances, du 10 février 1817.

SECTION II.

DES ACTES DE RECONNAISSANCE D'ENFANS NATURELS HORS DU ROYAUME.

SOMMAIRE.

153. De la reconnaissance d'un enfant naturel faite à l'armée.
154. *Idem* à bord d'un bâtiment.
155. *Idem* en pays étranger.
156. Envoi à faire dans ces différens cas.

153. La reconnaissance d'un enfant naturel pourra être faite à l'armée devant l'officier chargé de la tenue des registres de l'état civil. Voyez n°s 22 et 98.

154. Il en sera de même à bord d'un bâtiment. Voyez n°s 27 et 99.

155. En pays étranger, cette reconnaissance sera valable devant les agens diplomatiques et les consuls français, ou devant les agens étrangers. Voyez n°s 28 et 100.

156. Dans ces différens cas, une expédition authentique de l'acte de reconnaissance devra être transmise à l'officier de l'état civil qui aura reçu l'acte de naissance, afin qu'il opère la transcription et la mention exigées. Voyez n°s 77 et 141.

TITRE IV.

DES ACTES D'ADOPTION.

SOMMAIRE.

157. Définition de l'acte d'adoption.
158. Formalités nécessaires.
159. Inscription sur les registres de l'état civil.
160. Elle ne peut plus être faite après l'expiration du délai fixé.
161. Elle peut l'être après la mort de l'adoptant.
162. Comment elle a lieu et mention nécessaire.

157. L'acte d'adoption est celui par lequel on déclare faire son propre enfant de quelqu'un d'une famille étrangère.

158. Il n'entre pas dans notre plan d'indiquer les formes de l'adoption (1) : nous nous bornerons à dire qu'elle a lieu par acte passé devant le juge de paix, homologué par jugement du tribunal de première instance, confirmé par arrêt de la cour royale.

159. Dans les trois mois qui suivront ce jugement, l'adoption sera inscrite, à la réquisition de l'une ou de l'autre des parties,

(1) Voyez Code civil, art. 353 à 360; loi du 28 avril 1816, art. 48 et 49.

sur le registre de l'état civil du lieu où l'adoptant sera domicilié.

Cette inscription n'aura lieu que sur le vu d'une expédition, en forme, du jugement de la cour royale; et l'adoption restera sans effet, si elle n'a été inscrite dans ce délai (1).

La présence des parties intéressées et de témoins n'est pas nécessaire; il suffit de la réquisition faite par l'une d'elles à l'officier de l'état civil, pour qu'il procède à l'inscription de l'acte d'adoption sur les registres (2).

160. Après l'expiration du délai pour l'inscription, elle ne peut plus être faite, et l'officier public doit s'y refuser.

161. Mais la mort de l'adoptant n'empêcherait pas qu'elle n'ait lieu (3).

162. L'acte sera porté sur le registre des naissances, et mention en sera faite en marge de l'acte de naissance de l'adopté.

On se conformera, à l'égard de l'inscription et de la mention, à ce que nous avons dit relativement aux reconnaissances d'enfans naturels, n° 141.

(1) Code civil, art. 359.
(2) Voyez la formule n° 20.
(3) Code civil, art. 360.

TITRE V.

DES ACTES DE MARIAGE.

SECTION PREMIÈRE

DES ACTES DE MARIAGE EN FRANCE.

SOMMAIRE.

163. Division de cette section.

163. Nous diviserons, pour plus de clarté, cette section en deux chapitres :

Le premier traitera des qualités et conditions requises pour pouvoir contracter mariage ;

Le deuxième des formalités relatives à la célébration du mariage.

CHAPITRE PREMIER.

DES QUALITÉS ET CONDITIONS REQUISES POUR POUVOIR CONTRACTER MARIAGE.

SOMMAIRE.

164. Quelles sont les qualités et conditions requises pour contracter mariage.

1 5. 1º. De l'âge.

166. Des dispenses qui peuvent être accordées.

167. Des formalités à observer pour obtenir ses dispenses.

bitions prononcées par le Code civil dans certains cas.

245. Prohibition absolue qui résulte de la loi d'abolition du divorce.

246. Huitième empêchement : l'engagement dans les ordres sacrés.

164. Ces qualités et conditions concernent 1°. l'âge; 2°. le consentement des contractans; 3°. le consentement des personnes sous l'autorité desquelles les contractans sont placés; 4°. la permission nécessaire aux militaires; 5°. les empêchemens établis par la loi.

165. 1°. L'âge :

L'homme avant dix-huit ans révolus, la femme avant quinze ans révolus, ne peuvent contracter mariage (1).

166. Néanmoins, il sera loisible au Roi d'accorder des dispenses pour des motifs graves (2).

167. Les formalités à observer, pour obtenir ces dispenses, ont été déterminées de la manière suivante (3) :

(1) Code civil, art. 144. — Voyez par quelles personnes le mariage contracté avant cet âge peut être attaqué, Code civil, art. 184.

(2) *Idem*, art. 145.

(3) Arrêté du 20 prairial an XI. (Bulletin des lois, nᵒ 2792.)

La demande afin de dispense est remise au procureur du Roi près le tribunal de première instance du domicile du pétitionnaire. On produit à l'appui les actes de naissance des futurs et les consentemens de leurs pères et mères et autres ascendans (1).

Le procureur du Roi met son avis au pied de la pétition et l'adresse au garde des sceaux.

Le ministre fait son rapport : si les motifs sont suffisans, la dispense est accordée et renvoyée au procureur du Roi (2).

A la diligence de ce magistrat, et en vertu d'ordonnance du président, elle est enregistrée au greffe du tribunal de l'arrondissement dans lequel le mariage doit être célébré. Une expédition délivrée par le greffier du tribunal et contenant la mention de l'enregistrement, demeure annexée à l'acte de célébration de mariage

168. 2°. Le consentement des contractans :

Le mariage est un contrat par lequel les

______

(1) Lettre du ministre de la justice au procureur du Roi d'Arcis-sur-Aube, du 4 avril 1815.

(2) A l'égard des droits établis pour l'obtention des dispenses, voyez la loi du 28 avril 1816, art. 55, et celle du 15 mai 1818, art. 77.

parties s'obligent réciproquement l'une envers l'autre : ceux qui le forment doivent donc y consentir librement (1).

Il n'y a pas de mariage lorsqu'il n'y a point de consentement (2).

169. Ainsi l'interdit ne peut se marier, parce qu'il ne pourrait pas donner un consentement valable (3).

170. Il n'en est pas de même de l'individu en état de démence ou de fureur, mais ayant des intervalles lucides qui lui permettent d'exprimer son consentement: l'officier de l'état civil ne pourrait se refuser à procéder à la célébration de son mariage, à moins qu'on y eut formé opposition (4).

171. Les sourds-muets sont aussi capables de contracter mariage, pourvu qu'ils

______

(1) Le consentement donné par erreur, extorqué par violence, ou surpris par dol, n'est pas valable (Code civil, art. 1109), et peut entraîner la nullité du mariage. (*Idem* art. 180.)

(2) Code civil, art. 146.

(3) *Idem*, art. 174, 2°, 1124.

(4) Code civil, art. 174, 2°; mais un pareil mariage pourrait être annulé par les tribunaux. (*Idem*, art. 503.)

soient en état de faire connaître leur consentement (1). C'est à l'officier de l'état civil à apprécier la manifestation de ce consentement (2), mais il doit indiquer dans l'acte les circonstances et les signes d'après lesquels il a jugé qu'il était donné. Cela est nécessaire pour le cas où le mariage serait attaqué devant les tribunaux.

172. 3°. Le consentement des personnes sous l'autorité desquelles les contractans sont placés :

La majorité fixée ordinairement pour les individus de l'un et de l'autre sexe, à vingt-un ans accomplis (3), a été portée, relativement au mariage, à vingt-cinq ans pour les hommes et vingt-un ans pour les filles, et l'obligation d'obtenir le consentement de leurs ascendans, ou, à leur défaut, du conseil de famille, leur a été imposée jusqu'à cet âge.

173. Ainsi le fils qui n'a pas atteint l'âge de vingt-cinq ans accomplis ; la fille qui n'a pas atteint l'âge de vingt-un ans accomplis, ne peuvent contracter mariage sans le con-

(1) *Locré*, Esprit du code civil, t. 3, pag. 51.
(2) Lettre du ministre de la justice au procureur du Roi de Troyes, du 21 juin 1809.
(3) Code civil, art. 488.

sentement de leurs père et mère : en cas de dissentiment, le consentement du père suffit (1).

L'officier de l'état civil devra, dans ce dernier cas, se faire rapporter la preuve que le consentement a bien été demandé au père et à la mère ; il ne pourrait se contenter de la simple allégation qu'il y a eu dissentiment.

174. Si l'un des deux est mort, ou s'il est dans l'impossibilité de manifester sa volonté, le consentement de l'autre suffit (2).

175. L'impossibilité de manifester sa volonté résulte de l'absence, de l'interdiction, de la privation des droits civils.

176. Premièrement. De l'absence :
Dans ce cas, il sera passé outre à la célébration du mariage, en représentant le jugement qui aura été rendu pour déclarer l'absence, ou, à défaut de ce jugement, celui qui aura ordonné l'enquête, ou, s'il n'y a point encore eu de jugement, un acte de notoriété délivré par le juge de paix du lieu où l'ascendant a eu son dernier domi-

(1) Code civil, art. 148.
(2) *Idem*, art. 149.

cile connu. Cet acte contiendra la déclaration de quatre témoins appelés d'office par ce juge de paix (1).

177. Si c'est le mari qui est absent, la femme ne pourra consentir au mariage de son enfant qu'après avoir obtenu l'autorisation du tribunal.

178. Deuxièmement. De l'interdiction:
On en justifiera en rapportant le jugement passé en force de chose jugée (2) qui l'aura prononcée.

179. Si elle n'est que provoquée, il faudra attendre l'issue du jugement.

180. Troisièmement. De la privation des droits civils :
Elle a lieu dans le cas de condamnation à une peine afflictive et infamante perpétuelle (3) ou temporaire (4), prononcée con-

(1) Code civil, art. 155.
(2) Les jugemens ont acquis l'autorité de la chose jugée lorsqu'il n'y a plus moyen de les attaquer. Voyez, suivant les différens cas, les art. 156, 157, 158, 159, 443, 444, 445, 446, 546, 855 et 856 du Code de procédure civile.
(3) Code pénal, art. 18; Code civil, art. 25.
(4) Code pénal, art. 29.

tradictoirement ou par contumace (1). On justifiera alors de l'impossibilité, en rapportant un extrait de l'arrêt de condamnation et du procès-verbal d'exécution (2).

181. Si le père et la mère sont morts, ou s'ils sont dans l'impossibilité de manifester leur volonté, les aïeux et aïeules les remplacent (3).

Il n'est pas nécessaire de produire les actes de décès des pères et mères des futurs mariés, lorsque les aïeux et aïeules attestent ce décès; et, dans ce cas, il doit être fait mention de leur attestation dans l'acte de mariage (4).

S'il y a dissentiment entre l'aïeul et l'aïeule de la même ligne, il suffit du consentement de l'aïeul.

S'il y a dissentiment entre les deux lignes, ce partage emportera consentement (5).

S'il n'existe pas d'aïeux dans une ligne, ou qu'ils soient dans l'impossibilité de ma-

(1) Code civil, art. 28.
(2) Code civil, art. 26; Code d'instruction criminelle, art 471.
(3) Code civil art. 150.
(4) Avis du conseil d'état, du 4 thermidor an XIII.
(5) Code civil, art. 150.

nifester leur volonté, le consentement des aïeux de l'autre ligne sera suffisant.

182. S'il n'y a ni père ni mère, ni aïeux ni aïeules, ou s'ils se trouvent tous dans l'impossibilité de manifester leur volonté, les fils ou filles mineurs de vingt-un ans ne peuvent contracter mariage sans le consentement du conseil de famille (1).

L'avis du conseil de famille peut être attaqué devant les tribunaux; dans ce cas, l'officier de l'état civil devrait différer de procéder à la célébration du mariage jusqu'à ce qu'un jugement passé en force de chose jugée (2) lui soit représenté.

183. Si les père, mère, aïeul ou aïeule, dont le consentement est requis, sont décédés, et si l'on est dans l'impossibilité de produire l'acte de leur décès ou la preuve de leur absence, faute de connaître leur dernier domicile, il peut être procédé à la célébration du mariage des majeurs (3), sur

(1) Code civil, art. 160. — Voyez relativement aux formalités à observer pour la convocation du conseil de famille les art. 406 et suivans du Code civil.

(2) Voyez la note du n° 178.

(3) De vingt-un ans, voyez le dernier considérant de l'avis du conseil d'état, du 4 thermidor an XIII.

leur déclaration à serment que le lieu du décès et celui du dernier domicile de leurs ascendans leur sont inconnus.

Cette déclaration doit être certifiée aussi par serment des quatre témoins de l'acte de mariage, lesquels affirment que, quoiqu'ils connaissent les futurs époux, ils ignorent le lieu du décès de leurs ascendans et leur dernier domicile. Les officiers de l'état civil doivent faire mention, dans l'acte de mariage desdites déclarations (1).

184. Le consentement des ascendans peut être donné par eux en personne, par un fondé de pouvoir spécial et authentique, ou par acte authentique.

185. L'acte authentique du consentement des père et mère ou aïeux et aïeules, ou, à leur défaut, celui de la famille, contiendra les prénoms, noms, professions et domiciles du futur époux, et de tous ceux qui auront concouru à l'acte, ainsi que leur degré de parenté (2).

186. Lorsque le consentement du conseil

(1) Avis du conseil d'état, du 4 thermidor an XIII.

(2) Code civil, art. 73.

de famille est requis, une expédition en forme de sa délibération doit être produite.

187. A l'égard du consentement des père et mère de l'étranger qui se marie en France, il faut faire une distinction : si le consentement est exigé par les lois de son pays, il doit le rapporter, et, en cas d'impossibilité, y suppléer par un acte de notoriété reçu par le juge de paix et homologué par le tribunal de première instance du lieu où le mariage doit être célébré (1); s'il n'est pas exigé dans son pays, il peut se dispenser de le représenter, mais il doit justifier à l'officier de l'état civil, par un acte de notoriété, ou par un certificat de l'ambassadeur ou agent diplomatique, que ce consentement n'est pas nécessaire.

Si ses aïeux sont décédés et qu'il se trouve dans l'impossibilité de rapporter les actes de décès, appliquez ce que nous avons dit n° 183.

188. Les officiers de l'état civil qui auraient procédé à la célébration des mariages contractés par des fils n'ayant pas atteint l'âge de vingt-cinq ans accomplis, ou par

(1) Argument des art. 70 et suivans du Code civil.

des filles n'ayant pas atteint l'âge de vingt-un ans accomplis, sans que le consentement des pères et mères, celui des aïeux et aïeules, et celui de la famille, dans le cas où ils sont requis, soient énoncés (1) dans l'acte de mariage, seront, à la diligence des parties intéressées et du procureur du Roi près le tribunal de première instance du lieu où le mariage aura été célébré, condamnés à une amende de seize francs à trois cents francs, et à un emprisonnement de six mois au moins, et d'un an au plus (2).

189. Lorsque les enfans de famille ont atteint la majorité fixée relativement au mariage, ainsi que nous l'avons dit, à vingt-cinq ans pour les hommes, à vingt-un ans pour les femmes (3), la loi n'exige pas absolument le consentement de leurs père et mère ou autres ascendans, mais ils sont tenus (4), avant de contracter mariage, de

(1) Il suffit que le consentement ne soit pas énoncé pour qu'il y ait lieu à l'application de la peine : l'officier public est en faute pour avoir exposé un mariage légitime à être attaqué.

(2) Code civil, art. 156; Code pénal, art. 193. — La nullité du mariage peut, en outre, être demandée. (Code civil, art. 182, 183.)

(3) Code civil, art. 148, voyez n° 172.

(4) L'enfant, à tout âge, doit honneur et respect à ses père et mère. (Code civil, art. 371.)

demander, par un acte respectueux et formel, le conseil de leur père et de leur mère, ou celui de leurs aïeux et aïeules, lorsque leur père et leur mère sont décédés, ou dans l'impossibilité de manifester leur volonté (1).

Depuis l'âge de vingt-cinq ans accomplis pour les fils, et de vingt-un ans accomplis pour les filles, jusqu'à l'âge de trente ans accomplis pour les uns, et de vingt-cinq ans accomplis pour les autres, l'acte respectueux, sur lequel il n'y a pas eu de consentement au mariage, sera renouvelé deux autres fois, de mois en mois; et un mois après le troisième acte, il pourra être passé outre à la célébration du mariage (2).

S'il y a père et mère, l'acte respectueux doit être notifié à chacun d'eux; mais, lorsque le père consent, il suffit d'un seul acte pour la mère (3).

Il en est de même à l'égard des aïeux, et, dans ce cas, s'il y a dissentiment entre les deux lignes, ce partage emportera consentement (4).

----

(1) Code civil, art. 151.
(2) *Idem*, art. 152.
(3) Argument de l'art. 148 du Code civil.
(4) Argument de l'art. 150 *idem*.

Le jour de la signification et celui de l'échéance sont compris dans le délai fixé par la loi : ainsi, par exemple, si le premier acte a été fait le 20 mai, le deuxième pourra l'être le 20 juin (1).

190. Après l'âge de trente ans pour les fils, et de vingt-cinq ans pour les filles, il pourra être, à défaut de consentement sur un acte respectueux, passé outre, un mois après, à la célébration du mariage (2).

191. Si tous les ascendans dont le conseil est requis sont décédés, et si l'on est dans l'impossibilité de produire l'acte de leur décès ou la preuve de leur absence, appliquez ce qui a été dit n° 183 (3).

192. L'acte respectueux sera notifié par deux notaires, ou par un notaire et deux

(1) L'art. 1033 du code de procédure civile n'est pas applicable. (Arrêt de la cour royale de Paris, du 19 octobre 1809.) Cette décision a été critiquée : voyez M. *Delvincourt,* Cours de code civil, tome 1er, page 365.

(2) Code civil, art. 152, 153. — Arrêts de la cour royale de Bordeaux, du 22 mai 1806, de celle de Besançon, du 24 mai 1808, et de celle de Paris, du 19 septembre 1815.

(3) Avis du conseil d'état, du 4 thermidor an XIII.

témoins ; et, dans le procès-verbal qui doit en être dressé, il sera fait mention de la réponse (1).

193. Il n'est cependant pas nécessaire que la notification soit faite à la personne de l'ascendant, pourvu qu'elle le soit à son domicile (2).

194. Il ne l'est pas non plus que le requérant soit personnellement présent (3).

195. Lorsqu'il n'y aura pas eu d'actes respectueux, dans les cas où ils sont prescrits, l'officier de l'état civil qui aurait célébré le mariage, sera condamné à une amende qui ne pourra excéder trois cents francs, et à un emprisonnement qui ne pourra être moindre d'un mois (4).

196. Tout ce que nous venons de dire sur la nécessité du consentement ou du conseil des père et mère, et sur les actes respectueux, est applicable aux enfans naturels

(1) Code civil, art. 154.
(2) Arrêt de la cour de Bruxelles, du 21 frimaire an XIII.
(3) Arrêt de la cour de cassation, du 4 novembre 1807.
(4) Code civil, art. 157.

légalement reconnus (1); mais ils n'ont pas besoin du consentement des aïeux et aïeules (2).

197. L'enfant naturel qui n'a point été reconnu, et celui qui, après l'avoir été, a perdu ses père et mère, ou dont les père et mère ne peuvent manifester leur volonté, ne pourra, avant l'âge de vingt-un ans révolus, se marier qu'après avoir obtenu le consentement d'un tuteur *ad hoc* qui lui sera nommé (3).

198. On entend par tuteur *ad hoc* celui qui est nommé exprès à l'effet de consentir au mariage. La nomination est faite par un conseil composé d'amis et convoqué par le juge de paix (4).

Si l'enfant naturel avait déjà un tuteur, il faudrait que celui-ci fût spécialement autorisé à consentir au mariage.

199. A l'égard des enfans trouvés, élevés dans un hospice ou remis par un hospice à des particuliers, ils ne peuvent se marier, les garçons jusqu'à l'âge de vingt-

(1) Code civil, art. 158.
(2) Voyez n° 126 et la note.
(3) Code civil, art. 159.
(4) *Idem,* art. 409.

cinq ans, et les filles jusqu'à l'âge de vingt-un ans, sans avoir obtenu le consentement de la commission administrative de l'hospice (1). Ce consentement est donné par une délibération qu'il suffit de représenter.

200. L'enfant adoptif n'a pas besoin du consentement de celui qui l'a adopté : il reste dans sa famille naturelle et y conserve tous ses droits (2).

201. Du droit qu'ont les ascendans de donner leur consentement ou leur conseil sur le mariage de leurs descendans, résulte nécessairement celui d'y former opposition; mais ce droit ne leur est accordé que suivant l'ordre dans lequel ils sont appelés à donner leur consentement.

Le père, et à défaut du père (3), la mère, et à défaut de père et mère, les aïeux et aïeules, peuvent former opposition au mariage de leurs enfans et descendans, encore que ceux-ci ayent vingt-cinq ans accomplis (4).

(1) Lois des 27 frimaire an V, et 15 pluviôse an XIII.
(2) Code civil, art. 348.
(3) On doit entendre par ces mots, *à défaut,* la mort ou l'impossibilité de manifester une volonté.
(4) Code civil, art. 173.

202. A défaut d'aucun ascendant, le frère ou la sœur, l'oncle ou la tante, le cousin ou la cousine germains, majeurs, ne peuvent former aucune opposition que dans les deux cas suivans :

1°. Lorsque le consentement du conseil de famille, dans le cas où il est requis (1), n'a pas été obtenu ;

2°. Lorsque l'opposition est fondée sur l'état de démence du futur époux : cette opposition, dont le tribunal pourra prononcer main-levée pure et simple, ne sera jamais reçue qu'à la charge, par l'opposant, de provoquer l'interdiction, et d'y faire statuer dans le délai qui sera fixé par le jugement (2).

203. Dans les deux cas précédens, le tuteur ou curateur ne pourra, pendant la durée de la tutelle ou curatelle, former opposition qu'autant qu'il y aura été autorisé par un conseil de famille, qu'il pourra convoquer (3).

204. A l'égard de l'enfant naturel non-

____

(1) Voyez n° 182.
(2) Code civil, art. 174.
(3) *Idem*, art. 175.—à l'égard des formalités à observer pour la convocation du conseil de famille, voyez les art. 406 et suivans du Code civil.

reconnu, ou de celui qui, l'ayant été, a perdu ses père et mère, le tuteur, même non autorisé, aurait le droit de former opposition dans le cas de minorité et dans celui de démence ; il ne peut y avoir lieu à convoquer le conseil de famille : le mineur n'en a pas (1).

205. Le droit de former opposition à la célébration du mariage, appartient aussi à la personne engagée par mariage avec l'une des deux parties contractantes (2).

206. Enfin ce droit serait encore accordé au ministère public, dans le cas où l'une des parties n'aurait pas l'âge requis, se trouverait engagée dans les liens d'une première union, serait parente ou alliée de l'autre partie. Cette faculté est une conséquence de celle qu'il a de demander la nullité du mariage dans ces différens cas (3).

207. Tout acte d'opposition énoncera la qualité qui donne à l'opposant le droit de la former ; il contiendra élection de domicile dans le lieu où le mariage devra être célébré (4) : si les parties demeurent dans

(1) *Delvincourt*, Cours de code civil. t. 1, p. 367.
(2) Code civil, art. 172. — Voyez n° 227.
(3) *Idem*, art. 184, 190.
(4) *Idem*, art. 176.

des communes différentes, ce qui entraînerait la célébration du mariage dans l'une ou l'autre, il suffit que l'élection de domicile ait lieu dans la commune où est domicilié celui sur lequel l'opposition est formée.

Il devra également, à moins qu'il ne soit fait à la requête d'un ascendant, contenir les motifs de l'opposition.

Ces formalités sont prescrites à peine de nullité, et de l'interdiction de l'officier ministériel qui aurait signé l'acte contenant opposition (1).

L'acte sera signifié par un huissier (2).

Il sera signé sur l'original et sur la copie par l'opposant ou par son fondé de procuration spéciale et authentique (3); il sera signifié avec la copie de la procuration à la personne ou au domicile des parties, et à l'officier de l'état civil qui mettra son visa sur l'original (4).

(1) Code civil, art. 176.

(2) Cet officier doit s'en rapporter à l'opposant et n'a pas le droit d'exiger la preuve que l'opposition est fondée.

(3) Si l'opposant ne sait ou ne peut signer, il faut nécessairement que l'acte porte la signature d'un mandataire.

(4) Code civil, art. 66.

Il suffit que l'opposition soit signifiée à l'officier public de l'une des communes dans lesquelles des publications ont été ou doivent être faites (1).

208. L'officier de l'état civil fera, sans délai, une mention sommaire de l'opposition sur le registre des publications (2).

Cette mention peut être faite en ces termes :

Par acte du
opposition a été formée par
au mariage de

Elle sera inscrite à la suite du dernier acte de publication qui se trouvera porté sur le registre et signée.

209. En cas d'opposition, l'officier de l'état civil ne pourra célébrer le mariage avant qu'on lui en ait remis la main-levée, sous peine de trois cents francs d'amende et de tous dommages-intérêts (3).

Il n'est pas juge du mérite de l'opposi-

----

(1) **Argument** de l'art. 69 du Code civil. Voyez ci-après, n° 266.

(2) Code civil, art. 67.

(3) Code civil, art. 68.

tion : c'est aux tribunaux qu'il appartient de prononcer (1).

210. L'officier de l'état civil fera mention, en marge de l'inscription des oppositions, des jugemens de main-levée dont expédition lui aura été remise (2).

Il en sera de même dans le cas de main-levée volontaire, qui ne peut être donnée que par acte passé devant notaire (3).

211. Lorsque la main-levée sera prononcée par jugement, l'officier public pourra procéder au mariage sans attendre l'expiration des trois mois accordés pour l'appel ; seulement, cet appel ne pouvant être in-

(1) La demande sera portée, sans préliminaire de conciliation, devant le tribunal de première instance du domicile de l'opposant, ou du domicile élu dans l'acte d'opposition, au choix du demandeur. Le tribunal prononcera, sur les conclusions du ministère public, dans les dix jours. S'il y a appel, il y sera statué dans les dix jours de la citation. Si l'opposition est rejetée, les opposans, autres néanmoins que les ascendans, pourront être condamnés à des dommages-intérêts. (Code civil, art. 176, 177, 178, 179; Code de procédure civile, art. 49, 59, 83.)
(2) Code civil, art 67.
(3) *Idem.*

terjeté avant huitaine, il est nécessaire d'attendre l'expiration de ce délai (1).

212. Outre la voie d'opposition accordée à un très-petit nombre de personnes, pour empêcher un mariage illégal, nous pensons, d'après l'un des auteurs les plus distingués qui aient écrit sur le Code civil (2), qu'il reste encore la voie ouverte à toute personne, même étrangère à la famille, de remettre à l'officier de l'état civil la preuve de l'existence d'un empêchement légal, et qu'alors il est du devoir de ce fonctionnaire de se refuser à la célébration du mariage.

213. 4°. La permission nécessaire aux militaires :

Indépendamment des consentemens dont on vient de parler, les militaires doivent avoir une permission spéciale.

214. Les officiers de tout genre en activité de service, les intendans et sous-intendans militaires et adjoints, les officiers de santé, les officiers des bataillons des équi-

(1) Lettre du ministre de la justice, du 14 thermidor an XIII.
(2) *Toullier,* Droit civil français, t. 1, n° 592.

pages, les officiers des sapeurs-pompiers à Paris, ne peuvent se marier qu'après en avoir obtenu la permission par écrit du ministre de la guerre (1).

215. Les officiers en retraite, ne pouvant plus être appelés, n'ont pas besoin de cette permission (2).

216. Les sous-officiers et soldats, quelle que soit l'arme à laquelle ils appartiennent, ne peuvent se marier qu'après en avoir obtenu la permission du conseil d'administration de leur corps (3).

Les autorisations accordées aux sous-officiers et soldats des sapeurs-pompiers à Paris, doivent, en outre, être approuvées du préfet de police (4).

217. La nécessité d'obtenir une permis-

_____

(1) Décrets du 16 juin 1808, art. 1er, du 28 août de la même année, art. 1er, et du 18 septembre 1811, art. 41; instruction du ministre de la guerre, du 8 mars 1823.

(2) Décision du ministre de la guerre rendue en 1816. Elle abroge un avis du conseil d'état, du 22 novembre 1808.

(3) Décrets précités des 16 juin et 28 août 1808, art. 2.

(4) Arrêté du préfet de police, du 24 juillet 1813.

sion de l'autorité militaire s'applique aux jeunes soldats désignés par le sort pour faire partie de l'armée, encore qu'ils n'aient pas été mis en activité (1); mais non aux jeunes gens d'une classe appelée, qui ne sont pas encore inscrits, comme *jeunes soldats,* sur le registre départemental (2).

Les maréchaux de camp commandant les subdivisions, et, à leur défaut, les colonels délégués pour le recrutement, prononceront sur toutes les demandes d'autorisation de mariage formées par les jeunes soldats non encore mis en activité (3).

En conséquence, tout jeune soldat qui voudra se marier, sera tenu d'en faire la demande au maréchal de camp ou au colonel. Il remettra sa demande au maire de son domicile, qui la fera passer à l'officier général ou supérieur, après y avoir inscrit son avis, s'il le juge convenable (4).

218. Les dispensés, les remplacés et sub-

(1) Instruction du ministre de la guerre sur les appels.

(2) Circulaire du ministre de la guerre, du 30 décembre 1820. — Supplément au Manuel du recrutement, art. 920.

(3) *Idem.*

(4) *Idem,* art. 921.

stitués, ainsi que les jeunes soldats en faveur desquels Sa Majesté aurait daigné suspendre l'effet de ses ordonnances de mise en activité, n'ont besoin d'aucune permission (1).

219. Il en est de même des sous-officiers et soldats rentrés dans leurs foyers, après avoir achevé leur temps de service (2). L'officier de l'état civil se fera représenter leur congé, pour s'assurer qu'ils sont libérés.

220. Les officiers et aspirans de la marine, les officiers des troupes d'artillerie de la marine, les officiers du génie maritime, les administrateurs de la marine, enfin tout officier militaire et civil de ce département nommé par le Roi, ne pourra se marier qu'après avoir obtenu la permission par écrit du ministre de la marine (3).

221. Toutefois, les capitaines généraux des colonies et les chefs coloniaux sont autorisés à consentir au mariage des officiers qui leur sont respectivement subordonnés, si les circonstances ne permettent pas d'ob-

(1) Manuel du recrutement, art. 926 et 927.
(2) Loi du 10 mars 1818, art. 23.
(3) Décret du 3 août 1808, art. 1er.

tenir la permission du ministre de la marine, à la charge par eux de lui en rendre compte par la plus prochaine occasion (1).

222. Les sous-officiers et soldats des troupes appartenant au département de la marine ne pourront de même se marier qu'après en avoir obtenu la permission du conseil d'administration de leur corps (2).

223. Ceux des officiers de tout genre en activité de service, qui auront contracté mariage sans avoir obtenu la permission requise, encourront la destitution et la perte de leurs droits, tant pour eux que pour leurs veuves et leurs enfans, à toute pension ou récompense militaire (3).

224. Tout officier de l'état civil qui sciemment aura célébré le mariage d'un officier, sous-officier ou soldat en activité de service, sans s'être fait remettre les permissions exigées, ou qui aura négligé de les joindre à

(1) Décret du 3 août 1808, art. 2.
(2) Même décret, art. 3.
(3) Décrets des 16 juin, 3 et 28 août 1808, précités.

l'acte de célébration de mariage, sera destitué de ses fonctions (1).

225. 5°. Les empêchemens ou incapacités établis par la loi :

Il ne suffit pas, pour pouvoir contracter
mariage, des qualités et conditions qui
viennent d'être énumérées, il faut encore
qu'aucun empêchement ne s'oppose à l'u-
nion des futurs époux.

Les empêchemens ou incapacités reconnus par le Code civil sont au nombre de sept:

1°. La mort civile;

2°. Le lien d'un premier mariage subsis-
tant;

3°. La parenté;

4°. L'alliance;

5°. L'adoption;

6°. L'obligation imposée à la veuve de
ne se marier qu'après un délai fixé;

7°. Le divorce.

Il faut ajouter l'incapacité qui résulte de
l'engagement dans les ordres sacrés.

Nous parlerons de ces empêchemens séparément et en indiquant ceux qui sont
susceptibles de dispense (2).

____

(1) Décret du 16 juin 1808, art. 3.
(2) D'après une circulaire du ministre de la justice, du 30 pluviôse an XI, il avait été interdit aux

226. *Premier empêchement.* La mort civile.

Par la mort civile, le condamné est incapable de contracter un mariage qui produise aucun effet civil (1). Voyez n° 231, dans quels cas elle est encourue, et comment on peut en justifier.

227. *Deuxième empêchement.* Le lien d'un premier mariage.

On ne peut contracter un second mariage avant la dissolution du premier (2).

228. Quiconque, étant engagé dans les liens du mariage, en aura contracté un autre avant la dissolution du précédent, sera puni de la peine des travaux forcés à temps.

L'officier public, qui aura prêté son ministère à ce mariage, connaissant l'existence du précédent, sera condamné à la même peine (3).

officiers de l'état civil de recevoir aucun acte de mariage entre des blancs et des négresses, ni entre des nègres et des blanches, mais cette prohibition n'existe plus.

(1) Code civil, art. 25.
(2) *Idem,* art. 147.
(3) Code pénal, art. 340.

229. La dissolution du mariage a lieu, 1°. par la mort; 2°. par la mort civile; 3°. par la nullité prononcée en justice.

La présomption qui résulte de l'absence la plus longue et de l'âge le plus avancé ne suffit jamais pour dissoudre le mariage (1).

230. Premièrement, par la mort de l'un des époux (2).

Elle ne pourra se prouver qu'en rapportant un acte de décès, ou un jugement qui en tienne lieu (3).

231. Deuxièmement, par la mort civile de l'un des époux (4).

La mort civile est encourue par la condamnation à une peine afflictive et infâmante perpétuelle (5).

Il faut, relativement à la preuve qui doit en être faite, distinguer si la condamnation est contradictoire ou par contumace:

(1) Avis du conseil d'état, du 17 germinal an XIII.
(2) Code civil, art. 227.
(3) Un acte de notoriété ne serait pas suffisant. (Avis du conseil d'état, du 17 germinal an XIII, précité.)
(4) Code civil, art. 227 et 25.
(5) Code pénal, art. 18.

Au premiercas, la mort civile est encourue à partir de l'exécution, soit réelle, soit par effigie (1); l'époux du condamné aura doncà rapporter un extrait de l'arrêt de condamnation et du procès-verbal d'exécution;

Au second cas, la mort civile n'étant encourue qu'après les cinq années qui suivent l'exécution par effigie (2), le mariage ne pourra avoir lieu avant l'expiration de ce délai, et les mêmes pièces seront nécessaires; on y joindra un certificat du greffier près la cour qui a rendu l'arrêt, constatant que le contumace n'est pas constitué prisonnier, parce qu'alors la condamnation serait anéantie de plein droit, et qu'il devrait être jugé de nouveau (3).

Nous pensons que l'officier de l'état civil devrait s'assurer de plus, auprès du procureur du Roi qui remplit les fonctions à la cour d'assises dont l'arrêt émane, que des lettres de grâce n'ont point été accordées par la Roi et qu'il peut sans danger procéder à la célébration du mariage.

(1) Code civil, art. 26.

(2) *Idem*, art 27.

(3) Code d'instruction criminelle, art. 476; Code civil, art. 29 et 30.

232. Troisièmement, par la nullité du mariage prononcée en justice.

On en justifiera en produisant un jugement passé en force de chose jugée (1).

Il sera de plus nécessaire, dans ce cas, de rapporter la preuve qu'il n'y a pas de pourvoi en cassation, et que le délai pour le former est expiré (2).

233. *Troisième empêchement.* La parenté.

C'est le rapport qui existe entre des personnes unies par les liens du sang.

Elle est légitime ou naturelle :

La parenté légitime est celle qui naît d'un mariage valable ;

La parenté naturelle est celle qui résulte de la reconnaissance d'un enfant illégitime.

On distingue, dans la parenté, la ligne directe et la ligne collatérale :

La ligne directe est la série de ceux qui descendent l'un de l'autre : elle comprend les ascendans, qui sont le père, la mère, l'aïeul et autres en remontant, et les descendans, qui sont ceux issus des mêmes ascendans ;

(1) Voyez à la note du nº 178, quand un jugement a acquis l'autorité de la chose jugée.

(2) Argument de l'art. 265 du Code civil.

La ligne collatérale est la série de ceux qui descendent d'une souche commune, tels que les frères, les cousins, l'oncle, le neveu, etc.

234. En ligne directe, le mariage est prohibé entre tous les ascendans, et descendans légitimes ou naturels (1).

Le Code, en parlant de la parenté *naturelle*, embrasse nécessairement la parenté *adultérine* ou *incestueuse*, qui en fait partie (2).

235. En ligne collatérale, le mariage est prohibé entre le frère et la sœur légitimes ou naturels (3).

Le mariage est encore prohibé entre l'oncle et la nièce, la tante et le neveu (4), le

(1) **Code civil, art. 161.** — La maxime que les enfans naturels, même reconnus, n'ont point de famille (voyez n° 126 et la note, 196 et 204), ne s'applique qu'aux rapports civils : les rapports naturels résultant du lien du sang sont les mêmes entre les enfans naturels ou leurs descendans et les parens de leurs père et mère qu'entre les enfans légitimes et ces mêmes parens.

(2) Voyez un arrêt de la cour de cassation, du 9 avril 1809, et *Favard de Langlade,* Répertoire de la Nouvelle Législation, au mot *Mariage.*

(3) **Code civil, art. 162.** — Voyez le n° précédent et la note.

(4) **Code civil, art. 163.**

6.

grand-oncle et la petite-nièce (1), et, par conséquent, la grand'tante et le petit-neveu.

Pour que cette prohibition existe, il faut
que la parenté soit légitime. Si elle n'était
que naturelle, il n'en résulterait point d'empêchement.

236. Néanmoins, il est loisible au Roi
de lever cette dernière prohibition, pour
des causes graves (2).

237. Les formalités à observer pour obtenir la dispense étant les mêmes que celles
prescrites dans le cas du défaut d'âge, voyez
n° 167 : seulement, c'est au procureur du
Roi du tribunal dans l'arrondissement duquel les pétitionnaires se proposent de célébrer le mariage, que la demande doit être
remise (3); et il est nécessaire que les impétrans qui professent la religion catholique
joignent aux pièces requises la preuve qu'ils
ont obtenu les dispenses ecclésiastiques (4).

238. *Quatrième empêchement.* L'alliance
ou l'affinité.

(1) Avis du conseil d'état, du 7 mai 1808.
(2) Code civil, art. 164.
(3) Arrêté du 20 prairial an XI.
(4) Circulaire du garde des sceaux, du 28 août
1823.

C'est un lien qui se forme entre l'un des époux et les parens de l'autre.

239. En ligne directe, le mariage est prohibé entre tous les ascendans et descendans, par alliance, légitimes ou naturels (1).

240. En ligne collatérale, le mariage est prohibé entre le beau-frère et la belle-sœur, que la parenté qui produit le lien soit légitime ou naturelle (2).

241. Lorsque le mariage qui produit l'alliance est déclaré nul, elle ne cesse pas pour cela, et les personnes entre lesquelles la prohibition existait ne peuvent encore se marier (3).

242. *Cinquième empêchement.* L'adoption (4).

Le mariage est prohibé entre l'adoptant, l'adopté et ses descendans ; entre les enfans adoptifs du même individu ; entre l'adopté et les enfans qui pourraient survenir à l'adoptant ; entre l'adopté et le conjoint de l'adoptant, et réciproquement entre l'adoptant et le conjoint de l'adopté (5).

(1) Code civil, art. 161. Voyez nº 234 et la note.
(2) *Idem*, art. 162. Voyez nº 234 et la note.
(3) Arrêt de la cour de Bruxelles, du 1ᵉʳ août 1808.
(4) Voyez titre IV.
(5) Code civil, art. 348.

Il résulte de la généralité de ce terme *descendans* employé par le Code que la prohibition s'applique aux enfans même naturels de l'adoptant et de l'adopté.

243. *Sixième empêchement.* L'obligation imposée à la veuve de ne se marier qu'après un délai fixé.

La femme ne peut contracter un nouveau mariage qu'après dix mois révolus depuis la dissolution du mariage précédent (1), quand bien même ce mariage aurait été déclaré nul (2), et ce à peine d'une amende de seize francs à trois cents francs, contre l'officier de l'état civil qui aurait reçu l'acte de mariage (3).

244. *Septième empêchement.* Le divorce. Le Code civil prononçait les prohibitions suivantes :

Les époux divorcés pour quelque cause que ce soit, ne pourront plus se réunir (4).

Dans le cas de divorce par consentement mutuel, aucun des deux époux ne pourra

(1) Code civil, art. 228. — Cette prohibition n'entraînerait pas la nullité du mariage, s'il avait été contracté. (Arrêt de la cour de cassation, du 29 octobre 1811.)

(2) Arrêt de la cour de Trèves, du 30 avril 1806.

(3) Code pénal, art. 194.

(4) Code civil, art. 295.

contracter un nouveau mariage que trois ans après la prononciation du divorce (1).

Dans le cas de divorce admis en justice pour cause d'adultère, l'époux coupable ne pourra jamais se marier avec son complice (2).

245. Aujourd'hui la loi (3) ne reconnaissant plus le divorce comme moyen de dissolution du mariage, il doit nécessairement en résulter qu'un époux divorcé ne peut contracter une nouvelle union (4): c'est ce qu'a décidé la cour royale de Paris (5). L'officier de l'état civil devrait donc, dans ce cas, se refuser à la célébration du mariage et attendre qu'on lui eut rapporté une décision des tribunaux qui l'autorisât à passer outre (6).

(1) Code civil, art. 297.
(2) *Idem,* art. 298.
(3) Loi du 8 mai 1816.
(4) Code civil, art. 147.
(5) En confirmant, le 30 août 1824, un jugement du tribunal de première instance de Paris, du 31 juillet précédent. Cependant le même tribunal a, le 17 mars 1827, adoptant les conclusions du ministère public, rendu une décision contraire. Voyez la *Gazette des tribunaux* des 11 et 18 mars 1827.
(6) Lettre du garde des sceaux, du mois de septembre 1825. voy. l'*Étoile* du 10 mars 1827, et le *Moniteur* du 11 du même mois.

246. *Huitième empêchement*. L'engagement dans les ordres sacrés.

Cette incapacité n'est formellement reconnue par aucune loi; mais elle paraît résulter du texte de la charte constitutionnelle (1), qui déclare la religion catholique, apostolique et romaine, religion de l'état (2), et la cour royale de Paris l'a ainsi décidé (3).

CHAPITRE II.

DES FORMALITÉS RELATIVES A LA CÉLÉBRATION DU MARIAGE.

———

SOMMAIRE.

247. — Division de ce chapitre.

247. Ces formalités sont de deux espèces: les unes qui précèdent, les autres qui accompagnent la célébration du mariage.

(1) Art. 6.

(2) Lettre du procureur général près la cour royale de Paris, au procureur du Roi de Sainte-Menehould, du 5 juillet 1824.

(3) Arrêt du 18 mai 1818. — Il a été cassé par arrêt de la cour de cassation, mais sur un autre motif : la question est donc restée entière devant cette cour.

§ I.

DES FORMALITÉS QUI PRÉCÈDENT LE MARIAGE.

SOMMAIRE.

248. Quelles sont les formalités qui précèdent le mariage.

249. 1°. Des publications : définition.

250. Quel jour et en quel lieu elles sont faites.

251. En quel lieu elles sont faites dans les portions de communes qui ont un officier de l'état civil particulier, à cause de l'impossibilité de communiquer avec le chef-lieu.

252. D'après quels renseignemens elles sont faites.

253. A quelle municipalité.

254. Comment le domicile s'acquiert pour le mariage : exception à l'égard des militaires.

255. Du cas où le domicile n'est établi que par six mois de résidence.

256. Du cas où les contractans ont besoin du consentement de leurs ascendans.

257. Du cas où le consentement du conseil de famille est nécessaire.

258. Énonciations que doivent contenir les publications.

259. Leur nombre et le délai qui doit s'écouler entre elles.

260. Des dispenses d'une publication qui peuvent être accordées.

261. Par qui ces dispenses sont accordées, et des formalités à observer pour les obtenir.

248. Ces formalités sont :

1°. Les publications ;

2°. La remise des pièces exigées par la loi.

249. 1°. Des publications.

Les publications sont l'annonce publique du mariage qui doit être contracté.

250. L'officier de l'état civil les fera, un

jour de dimanche, devant la porte de la maison commune (1).

251. A l'égard des portions de communes dans lesquelles un adjoint est chargé des fonctions d'officier de l'état civil à cause de la difficulté de communiquer avec le chef-lieu (2), pendant le temps de l'année où la communication sera impossible, les publications et l'affiche nécessaires pour la validité des mariages pourront se faire dans le lieu où demeure l'adjoint et à la porte de sa maison, laquelle tiendra lieu de maison commune (3).

252. Les publications seront toujours faites conformément aux notes remises par les parties (4).

253. Elles le seront à la municipalité du lieu où chacune des parties contractantes aura son domicile (5).

254. Le domicile, quant au mariage, s'établit par six mois d'habitation continue

(1) Code civil, art. 63.
(2) Voyez n° 9.
(3) Loi du 18 floréal an X, art. 3.
(4) Avis du conseil d'état, du 30 mars 1808.
(5) Code civil, art. 166.

dans la même commune (1), quand même on n'aurait pas l'intention d'y fixer son domicile : il suffit d'y avoir résidé (2).

Mais, comme un militaire, obligé de suivre ses drapeaux, peut se trouver pendant long-temps dans la nécessité de ne pas rester six mois de suite dans le même lieu, il suffira qu'il justifie qu'il est au corps depuis plus de six mois, et l'officier public en fera mention sur ses registres, ainsi que du temps depuis lequel le corps est en garnison dans la commune. S'il s'agit d'un officier sans troupe, il suffira qu'il justifie de la date de l'ordre qui l'a appelé, pour le service, dans la commune où il est (3).

Dans les communes divisées en plusieurs mairies, comme Paris, les six mois peuvent se compléter par l'habitation dans divers arrondissemens (4).

255. Si, néanmoins, le domicile actuel n'est établi que par six mois de résidence,

(1) Code civil, art. 74.

(2) C'est une exception aux art. 103 et suivans du Code civil.

(3) Instruction du ministre de la guerre, du 8 mars 1823.

(4) Lettre du garde des sceaux à un maire de Paris, du 10 juillet 1817.

les publications seront faites, en outre, à la municipalité du dernier domicile (1).

Lorsque cette résidence de six mois se sera renouvelée en différens lieux, les publications seront nécessaires dans chacun de ces lieux (2).

256. Si les parties contractantes, ou l'une d'elles, sont, relativement au mariage, sous la puissance d'autrui(3),les publications seront encore faites à la municipalité du domicile de ceux sous la puissance desquels elles se trouvent (4).

Ainsi, lorsqu'elles sont majeures relativement au mariage, ces publications cessent d'être nécessaires : elles ne sont plus sous la puissance de leurs ascendans.

257. Dans le cas où le mineur, n'ayant pas d'ascendans, a besoin du consentement du conseil de famille (5), il n'est pas nécessaire de faire des publications à la municipalité du lieu où le conseil s'est tenu, parce

(1) Code civil, art. 167.
(2) Lettre du garde des sceaux, du 19 mai 1821.
(3) Voyez n° 172 et suivans.
(4) Code civil, art. 168.
(5) Voyez n° 182.

qu'une réunion de parens et d'amis ne peut avoir de domicile (1).

258. Les publications énonceront les prénoms, noms, professions et domiciles des futurs époux, leur qualité de majeurs ou de mineurs, et les prénoms, noms, professions et domiciles de leurs pères et mères (2).
Elles énonceront également l'âge des futurs époux (3).

259. Il sera fait deux publications à huit jours d'intervalle (4).

260. Néanmoins, il est loisible au Roi ou aux officiers qu'il aura préposés à cet effet, de dispenser, pour des causes graves, de la seconde publication (5).

261. Ces dispenses seront accordées, s'il y a lieu, au nom du Roi, par le procureur du Roi près le tribunal de première ins-

(1) Arrêt de la cour royale d'Agen, du 10 décembre 1806.
(2) Code civil, art. 63. — Voyez les formules n°s 9 et 10.
(3) Code civil, art. 34.
(4) *Idem*, art. 63.
(5) *Idem*, art. 169.

tance dans l'arrondissement duquel les impétrans se proposent de célébrer leur mariage; et il sera rendu compte, par ce magistrat, au garde des sceaux, des causes graves qui y auront donné lieu (1).

Les dispenses sont ordinairement accordées au bas d'une requête présentée sur papier timbré : cette requête est déposée à la mairie, et jointe aux autres pièces nécessaires pour la célébration du mariage. On fait mention des dispenses sur le registre des publications.

262. Il sera dressé acte de chacune des publications (2); cet acte énoncera, outre le contenu des publications, les jours, lieux

(1) Arrêté du gouvernement, du 20 prairial an XI, art. 3. — Aux termes de l'art. 4, la dispense devait être déposée au secrétariat de la mairie, et le secrétaire en délivrait une expédition qui était annexée à l'acte de célébration du mariage. Les secrétaires des mairies étant supprimés (voyez n° 59) on doit suivre la marche que nous indiquons.

(2) Quelques officiers de l'état civil tirent de la rédaction de l'art. 63 la conséquence qu'un seul acte suffit pour les deux publications et se bornent à mentionner la seconde en marge ou à la suite de la première : c'est à tort. Chaque acte doit être inscrit à sa date, de suite et sans aucun

et heures où elles auront été faites : il sera inscrit sur un seul registre à ce destiné (1), ainsi qu'il a été dit n°s 30 à 41.

263. Un extrait de l'acte de publication sera et restera affiché à la porte de la maison commune, pendant les huit jours d'intervalle de l'une à l'autre publication (2).

Cette affiche doit avoir lieu pour chacune des publications : elle sera faite sur papier timbré (3) à trente-cinq centimes, mais exempte de l'enregistrement (4).

264. Le mariage ne pourra être célébré avant le troisième jour, depuis et non compris celui de la seconde publication (5), c'est-à-dire qu'il faudra un intervalle de deux jours francs.

blanc (art. 42), ce qui n'a pas lieu, si l'on fait une mention à la marge ou si on laisse un intervalle pour la porter à la suite de la publication déjà inscrite.

(1) Code civil, art. 63.
(2) *Idem*, art. 64.
(3) Décision du ministre de l'intérieur, du 16 septembre 1807. — Le papier timbré n'était alors que de 25 centimes, il a été porté à 35 par la loi du 28 avril 1816.
(4) Loi du 22 frimaire an VII, art. 70, § 3, n° 8.
(5) Code civil, art. 64.

Lorsqu'il y aura dispense de la seconde publication, le mariage pourra être célébré le troisième jour après la première.

Ainsi, par exemple, si la deuxième publication, ou la première, en cas de dispense, a été faite le dimanche 7 décembre 1823, le mariage ne pourra être célébré que le mercredi 10 du même mois.

265. Si le mariage n'a pas été célébré dans l'année, à compter de l'expiration des trois jours dont il vient d'être parlé, il ne pourra plus être célébré qu'après que de nouvelles publications auront été faites dans la forme ci-dessus prescrite (1).

Le jour du départ ne doit pas être compté (2) : ainsi, dans l'exemple qui vient d'être présenté, le mariage, pouvant être célébré au plus tôt le 10 décembre 1823, pourrait l'être au plus tard le 10 décembre 1824.

266. Lorsque les publications n'ont lieu que dans la commune où le mariage est cé-

---

1   Code civil, art. 65.

(2) *Delvincourt,* Cours de Code civil, t. 1, page 376; *Toullier,* Droit civil français, t. 1, n⁰ 567, à la note — Cependant cet avis a été contesté.

lébré, il n'est pas nécessaire d'en prendre des expéditions, puisque l'officier de l'état civil les a en sa possession, et, par conséquent, il n'est dû aucun droit d'expédition (1); mais si les publications ont été faites dans plusieurs communes, les parties remettront, pour la célébration de leur mariage, un certificat délivré par l'officier de l'état civil de chaque commune, constatant qu'il n'existe point d'opposition (2).

267. Ce certificat peut être délivré dans les termes suivans :

Extrait du registre des actes de publication de mariage de la commune de
canton de
arrondissement de
département de

Des dimanches (*indiquer les jours et heures*),
Entre (*prénoms, nom, âge, profession et demeure du futur*), fils (*énoncer s'il est majeur ou mineur*) de (*prénoms, noms, professions et demeures des père et mère*),
Et (*mêmes énonciations que ci-dessus pour la future*),

______

(1) Circulaire du ministre de l'intérieur aux préfets, du 6 août 1807.
(2) Code civil, art. 69.

Nous   , (*maire ou adjoint*),
officier de l'état civil, certifions que les présentes
ont été publiées et affichées, aux termes de la loi,
et qu'il n'est survenu aucune opposition (*ou bien*)
et qu'une opposition ayant été formée le

par
main-levée en a été donnée le

A   le

(*Suit la signature.*)

268. Ce certificat peut être délivré sur
papier à trente-cinq centimes (1), et n'est
pas assujetti à l'enregistrement (2). Voyez, à
l'égard des droits d'expédition, n° 61.

269. Il ne peut l'être que le troisième jour
depuis et non compris celui de la seconde
publication, puisque, pendant ce délai, on
peut former opposition au mariage.

S'il existe des oppositions, l'officier de
l'état civil doit se refuser à sa délivrance
jusqu'à ce qu'on lui en ait rapporté la main-
levée.

270. L'étranger, qui se marie en France,
est également tenu d'y faire les publications
exigées; il doit, en outre, rapporter la preuve
qu'elles ont eu lieu dans son pays, ou justi-

____

(1) Instruction de la direction de l'enregistrement.

(2) Loi du 22 frimaire an VII, art. 70, § 3, n° 8.

fier, par un certificat, ainsi que nous l'avons dit, n° 187, qu'elles n'y sont point usitées.

271. Si le mariage n'a point été précédé des deux publications requises, ou s'il n'a pas été obtenu des dispenses permises par la loi, ou si les intervalles prescrits dans les publications et célébration n'ont point été observées, le procureur du Roi fera prononcer, contre l'officier public, une amende qui ne pourra excéder trois cents fr. ; et, contre les parties contractantes, ou ceux sous la puissance desquels elles ont agi, une amende proportionnée à leur fortune (1).

272. 2°. Des pièces qui doivent être remises à l'officier de l'état civil avant la célébration du mariage.

Ces pièces sont,

1°. L'acte de naissance de chacun des futurs époux (2).

(1) Code civil, art. 192. — Ces contraventions n'entraînent pas la nullité du mariage. (*Locré,* Esprit du Code civil, t. 3, p. 408.)

(2) Code civil, art. 70. — Voyez par qui il peut être délivré, n° 59 et la note. — A l'égard de la différence qui pourrait exister entre les actes de naissance des futurs et ceux de décès des ascendans, voyez l'avis du conseil d'état, du 30 mars 1808, ci-après, n° 284.

Celui qui serait dans l'impossibilité de se le procurer, pourra le suppléer en rapportant un acte de notoriété délivré par le juge de paix du lieu de sa naissance, ou par celui de son domicile, et homologué par le tribunal de première instance du lieu où doit se célébrer le mariage (1). Ce jugement étant sujet à appel, il faut appliquer ici ce que nous avons dit n° 182.

2°. L'acte authentique du consentement de tous ceux auxquels il doit être demandé (2);

3°. Les procès-verbaux d'actes respectueux, s'il a dû en être fait (3);

4°. Les actes de décès, un jugement ou un acte de notoriété constatant l'absence, dans le cas où, à cause de la mort ou de l'absence de leurs ascendans, les futurs époux, ou l'un d'eux, ne peuvent représenter ni le consentement de ceux-ci, ni les actes respectueux qui, sur leur refus, auraient dû leur être faits (4);

____

(1) Code civil, art. 70 et 71.— Voyez, au surplus, pour la forme de cet acte et son homologation, les art. 71 et 72.

(2) Voyez n° 172 et suivans.

(3) Voyez n° 189 et suivans.

(4) Voyez n° 176.

5°. La permission exigée, s'il s'agit d'un militaire ou d'un marin (1);

6°. Les certificats attestant que les publications ont été faites dans les divers domiciles, et qu'il n'y a point eu d'opposition (2);

7°. La main-levée des oppositions, s'il en a été fait (3);

8°. Une expédition authentique des dispenses qui ont pu être accordées (4).

A l'égard de la légalisation, dont ces pièces doivent, dans certains cas, être revêtues, voyez n°s 16, 57 et 86.

Ces pièces demeurent annexées aux registres. Voyez ce qui concerne l'accomplissement de cette formalité, n°s 40 et 85.

§ II.

DES FORMALITÉS QUI ACCOMPAGNENT LA CÉLÉBRATION DU MARIAGE.

SOMMAIRE.

273. Dans quelle commune le mariage doit être célébré.

(1) Voyez n° 213.
(2) Voyez n° 266.
(3) Voyez n° 209.
(4) Voyez n° 166 et suiv., 236 et suiv., 260 et suiv.

274. Exception à l'égard des militaires.

275. Du cas où une commune est divisée en plusieurs mairies.

276. Comment le mariage doit être célébré : peines, en cas de contraventions, contre l'officier public, et les parties contractantes, ou ceux sous la puissance desquelles elles ont agi.

277. Par qui sont indiqués le jour et l'heure de la célébration.

278. Dans quel lieu le mariage doit être célébré.

279. Exception.

280. En présence de qui la célébration est faite.

281. Comment elle a lieu.

282. De l'acte de célébration : énonciation qu'il doit contenir.

283. Du cas où l'une des parties refuserait de signer l'acte.

284. Du cas où les actes de naissance des futurs époux et ceux de décès des ascendans présentent des différences.

285. La célébration du mariage doit précéder la cérémonie religieuse : peines, en cas de contravention, contre les ministres du culte.

286. Certificat à délivrer par l'officier de l'état civil, pour la cérémonie religieuse : modèle.

273. Le mariage sera célébré dans la commune où l'un des deux époux aura son domicile (1).

Nous avons vu, n° 254, comment ce domicile s'acquérait.

(1) Code civil, art. 74.

274. Il y a une exception à l'égard des militaires, ainsi que nous l'avons dit n° 254.

275. Lorsqu'une commune est divisée en plusieurs mairies, comme Paris, le domicile s'acquiert par l'habitation dans différens arrondissemens, voyez n° 254; mais le mariage ne peut être célébré que dans l'arrondissement où réside l'une des parties.

276. Le mariage sera célébré publiquement, devant l'officier civil du domicile de l'une des parties (1), sous peine, en cas de contraventions, d'une amende qui ne pourra excéder trois cents fr. contre l'officier public, et contre les parties contractantes, ou ceux sous la puissance desquels elles ont agi, d'une amende proportionnée à leur fortune, et ce, lors même que les contraventions ne seraient pas jugées suffisantes pour faire prononcer la nullité du mariage (2).

277. Le jour de la célébration sera désigné par les parties, après les délais des

(1) Code civil, art. 165.
(2) Code civil, art. 193. — Voyez, art. 191, par quelles personnes il peut être attaqué.

publications (1). La fixation de l'heure est laissée à l'officier de l'état civil. Il doit la choisir de manière à assurer la publicité, et l'indiquer, autant que possible, avant midi, afin que la cérémonie religieuse puisse avoir lieu le même jour. Cependant, le mariage peut être prononcé avant le lever et après le coucher du soleil (2).

278. Le mariage sera célébré par l'officier de l'état civil, dans la maison commune (3).

S'il existe des pays où il n'y ait pas de maison commune, c'est dans le local qui en tient lieu que le mariage doit être célébré (4).

(1) Code civil, art. 75.

(2) La disposition de l'art. 1037 du Code de procédure civile n'est pas applicable.

(3) Code civil, art. 75. — Il est laissé à la prudence des tribunaux d'apprécier, d'après les circonstances, si la célébration du mariage hors de la maison commune doit en entraîner la nullité. (Arrêts de la cour de cassation, des 22 juillet 1807 et 21 juin 1814, et de la cour de Bruxelles, du 18 février 1809.)

(4) Lettre du garde des sceaux au procureur général près la cour royale de Paris, du 21 juillet 1818. — Dans la plupart des communes, c'est le domicile de l'officier de l'état civil qui sert de maison commune.

279. Cependant, lorsque l'un des époux se trouve dans l'impossibilité d'aller à la maison commune, l'officier de l'état civil doit en dresser procès-verbal, sur l'attestation d'un médecin, et se rendre ensuite, pour procéder publiquement à la célébration du mariage, dans le lieu où le futur est retenu par ses infirmités. Il n'est pas nécessaire que son procès-verbal soit fait par un acte séparé ; il est même plus régulier d'en insérer l'extrait dans l'acte de célébration. Le médecin doit être nommé d'office par un arrêté dans lequel l'officier de l'état civil indique les faits articulés, pour que ce médecin puisse répondre positivement sur chacun d'eux (1).

On aura soin, en outre, de laisser les portes ouvertes pendant la célébration du mariage, afin d'y donner toute la publicité possible.

280. Le mariage sera célébré en présence de quatre témoins, parens ou non parens (2),

(1) Décision du garde des sceaux, ministre de la justice, du 10 février 1818.

(2) Code civil, art. 75. — Ce que nous avons dit à la note du n° 178 s'applique au défaut de présence de l'un des témoins signataires de l'acte à toute la célébration. (Arrêt de la cour de cassation précité, du 21 juin 1814.)

et de toutes les personnes qui doivent figurer dans l'acte. Nous avons fait connaître, n° 88, les qualités requises dans les témoins.

281. L'officier de l'état civil fera lecture aux parties des pièces relatives à leur état et aux formalités du mariage (1).

Il donnera également lecture du chapitre VI du titre *du mariage, sur les droits et les devoirs respectifs des époux.*

Ce chapitre porte :

Art 212. Les époux se doivent mutuellement fidélité, secours, assistance.

213. Le mari doit protection à sa femme, la femme obéissance à son mari.

214. La femme est obligée d'habiter avec le mari, et de le suivre partout où il juge à propos de résider : le mari est obligé de la recevoir et de lui fournir tout ce qui est nécessaire pour les besoins de la vie, selon ses facultés et son état.

215. La femme ne peut ester en jugement sans l'autorisation de son mari, quand

(1) Voyez n° 272.

même elle serait marchande publique, ou non commune, ou séparée de biens.

216. L'autorisation du mari n'est pas nécessaire lorsque la femme est poursuivie en matière criminelle ou de police.

217. La femme, même non commune ou séparée de biens, ne peut donner, aliéner, hypothéquer, acquérir, à titre gratuit ou onéreux, sans le concours du mari dans l'acte, ou son consentement par écrit.

218. Si le mari refuse d'autoriser sa femme à ester en jugement, le juge peut donner l'autorisation.

219. Si le mari refuse d'autoriser sa femme à passer un acte, la femme peut faire citer son mari directement devant le tribunal de première instance de l'arrondissement du domicile commun, qui peut donner ou refuser son autorisation, après que le mari aura été entendu ou dûment appelé en la chambre du conseil.

220. La femme, si elle est marchande publique, peut, sans l'autorisation de son mari, s'obliger pour ce qui concerne son négoce; et, audit cas, elle oblige aussi son mari, s'il y a communauté entre eux.

Elle n'est pas réputée marchande publique, si elle ne fait que détailler les marchandises du commerce de son mari, mais seulement quand elle fait un commerce séparé.

221. Lorsque le mari est frappé d'une condamnation emportant peine afflictive ou infamante, encore qu'elle n'ait été prononcée que par contumace, la femme, même majeure, ne peut, pendant la durée de la peine, ester en jugement, ni contracter, qu'après s'être fait autoriser par le juge, qui peut, en ce cas, donner l'autorisation, sans que le mari ait été entendu ou appelé.

222. Si le mari est interdit ou absent, le juge peut, en connaissance de cause, autoriser la femme, soit pour ester en jugement, soit pour contracter.

223. Toute autorisation générale, même stipulée par contrat de mariage, n'est valable que quant à l'administration des biens de la femme.

224. Si le mari est mineur, l'autorisation du juge est nécessaire à la femme, soit pour ester en jugement, soit pour contracter.

225. La nullité fondée sur le défaut d'autorisation ne peut être opposée que par la femme, par le mari, ou par leurs héritiers.

226. La femme peut tester sans l'autorisation de son mari.

Il recevra de chaque partie, l'une après l'autre, la déclaration qu'elles veulent se prendre pour mari et femme; il prononcera, au nom de la loi, qu'elles sont unies par le mariage (1).

282. L'officier de l'état civil dressera sur-

(1) Code civil, art. 75.

le-champ acte de la célébration du mariage (1).

Cet acte énoncera,

1°. Les prénoms, noms, professions, âge, lieux de naissance et domiciles des époux;

2°. S'ils sont majeurs ou mineurs;

3°. Les prénoms, noms, professions et domiciles des pères et mères;

4°. Le consentement des pères et mères, aïeux et aïeules, et celui de la famille, dans les cas où ils sont requis;

5°. Les actes respectueux, s'il en a été fait;

6°. Les publications dans les divers domiciles;

7°. Les oppositions, s'il y en a eu; leur main-levée, ou la mention qu'il n'y a point eu d'opposition;

8°. La déclaration des contractans de se prendre pour époux, et le prononcé de leur union par l'officier public;

9°. Les prénoms, noms, âge, professions et domiciles des témoins, et leur déclaration s'ils sont parens ou alliés des parties, de quel côté et à quel degré (2).

Il est encore nécessaire qu'il mentionne;

(1) Code civil, art. 75.
(2) Code civil. art. 76. — Voyez les formules 11 à 18.

10°. La lecture faite aux parties des pièces relatives à leur état et aux formalités du mariage (1), et du chapitre VI du titre *Du mariage sur les droits et les devoirs respectifs des époux* (2);

11°. La légitimation des enfans naturels, s'il y a lieu (3);

12°. Les permissions exigées des officiers, sous-officiers et soldats, s'il y a lieu (4);

13°. Si l'un des futurs est sourd-muet, les circonstances et les signes d'après lesquels l'officier de l'état civil a jugé que le consentement était donné (5);

14°. Si le mariage a eu lieu hors de la maison commune, les causes qui ont nécessité le déplacement de l'officier de l'état civil, le lieu où il s'est rendu et la précaution qu'il a prise de faire ouvrir les portes pendant la célébration du mariage (6).

Voyez, au surplus, Chapitre Premier, quelles sont les formalités prescrites pour la rédaction des actes en général.

(1) Voyez les formalités à remplir relativement à ces pièces, n° 85.
(2) Code civil, art. 75.
(3) Voyez n°s 142, 143, 144.
(4) Voyez n° 213 à 224.
(5) Voyez n° 171.
(6) Voyez n° 279.

283. Si, après la célébration du mariage, l'une des parties se refusait à signer l'acte, l'officier de l'état civil en ferait mention, ainsi que du motif du refus.

284. Lorsque les actes de naissance des futurs et les actes de décès des ascendans présentent des erreurs d'orthographe ou des omissions dans les prénoms, il n'est pas nécessaire, pour le mariage, de faire ordonner la rectification ; voici ce qui a été décidé :

Dans le cas où le nom d'un des futurs ne serait pas orthographié dans son acte de naissance comme celui de son père, et dans celui où l'on aurait omis quelqu'un des prénoms de ses parens, le témoignage des pères et mères ou aïeux assistant au mariage et attestant l'identité, doit suffire pour procéder à la célébration du mariage.

Il doit en être de même dans le cas d'absence des pères et mères ou aïeux, s'ils attestent l'identité dans leur consentement donné en la forme légale.

En cas de décès des pères, mères ou aïeux, l'identité est valablement attestée, pour les mineurs, par le conseil de famille ou par le tuteur *ad hoc,* et pour les majeurs, par les quatre témoins de l'acte de mariage.

Enfin dans le cas où les omissions d'une

lettre ou d'un prénom se trouvent dans l'acte de décès des pères, mères ou aïeux, la déclaration à serment des personnes dont le consentement est nécessaire pour les mineurs, et celle des parties et des témoins pour les majeurs, doivent aussi être suffisantes, sans qu'il soit nécessaire, dans tous ces cas, de toucher aux registres de l'état civil, qui ne peuvent jamais être rectifiés qu'en vertu d'un jugement.

Les formalités susdites ne sont exigibles que lors de l'acte de célébration, et non pour les publications qui doivent toujours être faites conformément aux notes remises par les parties aux officiers de l'état civil (1).

285. La cérémonie religieuse du mariage ne peut être faite qu'après la célébration devant l'officier de l'état civil.

Il est interdit à ce fonctionnaire d'en faire mention dans l'acte ou d'exiger qu'on lui justifie qu'elle a été remplie (2).

Cependant cet officier ne pourrait refuser de procéder au mariage, parce qu'elle aurait déjà eu lieu (3).

(1) Avis du conseil d'état, du 30 mars 1808. (Bulletin des lois, n° 3254.)
(2) Loi du 7 vendémiaire an IV, art. 21.
(3) Lettre du ministre de la justice, du 13 sep-

Mais tout ministre d'un culte qui aurait procédé aux cérémonies religieuses d'un mariage, sans qu'il lui ait été justifié d'un acte de mariage préalablement reçu par les officiers de l'état civil, serait, pour la première fois, puni d'une amende de seize francs à cent francs (1).

En cas de nouvelles contraventions, le ministre du culte qui les aurait commises, serait puni, savoir :

Pour la première récidive, d'un emprisonnement de deux à cinq ans ;

Et pour la seconde, de la déportation (2).

286. Pour assurer l'exécution de cette disposition, l'officier de l'état civil doit délivrer un certificat signé de lui et portant le cachet de la mairie, attestant l'accomplissement des formalités civiles ; il peut être conçu en ces termes :

Nous   , (*maire ou adjoint*), officier de l'état civil de la commune de
                   , canton de

tembre 1806. — Il serait du devoir de l'officier public d'en rendre compte au procureur du Roi.

(1) Code pénal, art. 199.

(2) *Idem*, art. 200.

arrondissement de   , département
de
   certifions que, le   , nous
avons procédé au mariage de
avec
   Le présent certificat délivré pour servir à la
cérémonie religieuse.

A   le

Ce certificat sera délivré sur papier timbré à trente-cinq centimes (1).

SECTION II.

DES ACTES DE MARIAGE HORS DU ROYAUME.

———

SOMMAIRE.

287. Des qualités, conditions et formalités requises pour le mariage des militaires.
288. Des publications.
289. Envoi à faire à l'officier de l'état civil du dernier domicile des époux.
290. De la transcription de l'acte sur les registres de l'état civil en France.
291. Du mariage contracté en pays étranger.
292. De la transcription de l'acte sur les registres de l'état civil en France.

(1) Décret du 9 décembre 1810, art. 1er; loi du 28 avril 1816, art. 62.

293. Du cas où l'acte contiendrait des irrégularités.

287. Les qualités, conditions et formalités requises pour le mariage des militaires
et autres personnes employées à la suite des
armées, hors du royaume, sont les mêmes
que celles exigées en France (1), sauf les
exceptions suivantes :

288. Les publications de mariage des
militaires et employés à la suite des armées,
seront faites au lieu de leur dernier domicile : elles seront mises, en outre, vingt-
cinq jours avant la célébration du mariage,
à l'ordre du jour du corps, pour les individus qui tiennent à un corps ; et à celui de
l'armée ou du corps d'armée, pour les officiers sans troupes, et pour les employés qui
en font partie (2).
Cet article fait exception aux art. 63 et
64, concernant le délai, le mode de publication et la durée des affiches dans l'intérieur du royaume (3) ; il devra donc être
seul suivi hors du territoire français, en ob-

(1) Voyez n° 22, 98 et les notes.
(2) Code civil, art. 94.
(3) Voyez n° 250 et suivans.

servant cependant que les enfans de troupe n'ayant souvent pas eu d'autre domicile que sous les drapeaux, les publications faites dans l'endroit où se trouve le corps, sont les seules exigibles à leur égard : quant aux autres militaires, ils devront déclarer quel a été leur dernier domicile, qui, à défaut de tout autre, sera censé être le lieu de leur naissance et de leur domicile ordinaire (1).

289. Immédiatement après l'inscription sur le registre, de l'acte de célébration de mariage, l'officier chargé de la tenue du registre en enverra une expédition à l'officier de l'état civil du dernier domicile des époux (2).

Pour prévenir l'inexactitude des renseignemens, les officiers de l'état civil dans les corps opéreront à cet égard, ainsi qu'il est prescrit pour les actes de naissance (3); ils transmettront cette expédition au conseil d'administration, qui, après l'avoir comparée à ses registres-matricules, l'enverra à l'officier de l'état civil du dernier domicile du mari; et quant à la femme, l'officier chargé de la tenue des registres pourra tou-

____

(1) Instruction du ministre de la guerre, du 8 mars 1823.

(2) Code civil, art. 95.

(3) Voyez n° 119.

jours prendre sa déclaration pour connaître son dernier domicile.

Si donc les époux n'ont pas leur domicile dans la même commune, deux expéditions doivent être envoyées, l'une à l'officier de l'état civil du domicile du mari, et l'autre à l'officier de l'état civil du domicile de la femme. On doit considérer comme dernier domicile le lieu de naissance de l'individu, à moins de déclaration contraire (1).

290. L'officier de l'état civil inscrira de suite l'expédition sur les registres (2).

La transcription d'un acte de mariage fait à l'armée pourra être requise en tout temps par les parties intéressées (3).

291. Le mariage contracté en pays étranger entre Français, et entre Français et étrangers, sera valable, s'il a été célébré dans les formes usitées dans le pays, pourvu qu'il ait été précédé des publications prescrites pour le mariage prononcé en France (4), et que le Français n'ait point contrevenu

______

(1) Instruction du ministre de la guerre, du 8 mars 1823.

(2) Code civil art. 98. — Voyez n° 95 et 120.

(3) Argument des art. 95, 98 et 171 du Code civil.

(4) Code civil, art. 63, 166, 167 et 168; Cir-

aux dispositions relatives à l'âge des contractans, à leur consentement, au consentement de leur famille, et aux empêchemens établis par la loi (1).

292. Dans les trois mois après le retour du Français sur le territoire du royaume, l'acte de célébration de mariage contracté en pays étranger, sera transcrit sur le registre public des mariages du lieu de son domicile (2).

Le Français qui, à son retour en France, prend un autre domicile que celui qu'il avait lors de son départ, doit faire faire la transcription dans les deux communes (3).

culaire du ministre des affaires étrangères, du 8 août 1814. — L'art. 170 ne mentionne que l'art. 93, mais c'est sans doute une omission, ainsi que l'a pensé ce ministre dans l'instruction que nous rapportons.

(1) Code civil, art. 170. — Un mariage contracté, entre un Français et une étrangère, devant l'agent diplomatique, suivant les formes tracées par la loi française, serait invalide, à cause de l'inobservation des formes du pays et de l'incompétence de l'officier public. (Arrêt de la cour de cassation, du 10 août 1819.) — Il doit en être de même du mariage de deux Français. (*Favard de Langlade*, Répertoire de la nouvelle Législation, au mot *Mariage*, p. 475.)

(2) Code civil, art. 171.

(3) Lettre du garde des sceaux, du 7 mai 1822.

Le délai de trois mois est de rigueur : lorsqu'il est passé, la transcription ne peut plus avoir lieu qu'en vertu d'un jugement (1). L'officier de l'état civil doit donc s'assurer de l'époque du retour avant de faire la transcription.

293. Cette transcription devrait avoir lieu lors même que l'acte contiendrait des irrégularités : l'officier de l'état civil ne peut en être le juge ; ce droit n'appartient qu'aux tribunaux.

(1) Avis du comité de législation du conseil d'état, du 24 mars 1819.

TITRE VI.

DES ACTES DE DÉCÈS.

SECTION PREMIÈRE.

DES ACTES DE DÉCÈS EN FRANCE.

SOMMAIRE.

294. Sur la déclaration de quelles personnes les actes de décès sont dressés.

295. De l'autorisation nécessaire pour l'inhumation ; devoir de l'officier de l'état civil pour s'assurer du décès.

296. Quand l'inhumation peut avoir lieu.

297. Peines en cas de contravention contre toute personne.

298. En quel lieu l'inhumation est faite.

299. Du cas où la déclaration du décès n'est faite qu'après l'inhumation.

300. Formes et énonciations des actes de décès.

301. De l'acte de décès d'un enfant présenté sans vie.

302. Du décès dans les hôpitaux militaires, civils ou autres maisons publiques.

303. Envoi à faire de l'acte de décès.

304. Autre envoi, si le décédé était militaire.

305. Du cas où il y a des signes ou indices de mort violente.

306. Envoi à faire de l'acte de décès.

307. Autre envoi, si le décédé était militaire.

308. Du cas où le décès a lieu par suite de suicide ou de duel.

309. De celui où il a lieu par suite d'exécution.

310. Envoi à faire.

311. Des décès dans les prisons, maisons de réclusion ou de détention.

312. *Idem* par accident dans une mine.

313. *Idem* dans une carrière ou autre exploitation souterraine.

314. *Id.* des individus consumés dans un incendie ou noyés sans qu'on ait pu retrouver leurs corps.

315. Notices des décès à remettre par l'officier de l'état civil au receveur de l'enregistrement.

316. Avis à donner au juge de paix du canton, du décès de toute personne qui laisse pour héritiers des mineurs ou des absens.

317. *Idem,* des décès des rentiers viagers et pensionnaires de l'état.

294. L'acte de décès sera dressé par l'officier de l'état civil, sur la déclaration de deux témoins. Ces témoins seront, s'il est possible, les deux plus proches parens ou voisins, ou, lorsqu'une personne sera décédée hors de son domicile, la personne chez laquelle elle sera décédée, et un parent ou autre (1). Voyez n° 88.

(1) Code civil, art. 78. — Lorsqu'un enfant est décédé et que la nourrice à qui il avait été confié ne peut indiquer les noms de ses parens, l'acte de décès n'en doit pas moins être dressé, en y énonçant les circonstances propres à faire connaître l'enfant et ses père et mère.

Il est, en outre, convenable que l'officier de

295. Aucune inhumation ne sera faite sans une autorisation, sur papier libre et sans frais, de l'officier de l'état civil, qui ne pourra la délivrer qu'après s'être transporté auprès de la personne décédée, pour s'assurer du décès (1).

Aucune disposition du Code n'est plus mal exécutée : cependant elle est impérative, et les articles 80 et 84 la reproduisent. L'officier de l'état civil, qui dresse l'acte sans avoir vérifié le décès, viole la loi et fait de plus un faux.

Il peut seulement commettre, pour le remplacer, un médecin ou un chirurgien : c'est du moins ce qui se fait à Paris et dans presque toutes les grandes villes.

296. L'inhumation ne peut avoir lieu que vingt-quatre heures après le décès, hors les cas prévus par les règlemens de police (2), lorsque ce délai pourrait compromettre la salubrité.

l'état civil en donne avis au procureur du Roi, afin que ce magistrat fasse les diligences nécessaires pour découvrir les parens.

Au surplus, l'acte imparfait ne servira que de renseignemens, et ne pourra être déclaré applicable à cet enfant qu'en vertu d'un jugement.

(1) Code civil, art. 77.
(2) *Idem.*

297. Il est défendu à tous maires, adjoints et membres d'administrations municipales, de souffrir le transport, présentation, dépôt, inhumation des corps, ni l'ouverture des lieux de sépulture ; à toutes fabriques d'églises et consistoires, ou autres ayant droit de faire les fournitures requises pour les funérailles (1), de livrer lesdites fournitures ; à tous curés, desservans et pasteurs, d'aller lever aucun corps, ou de les accompagner hors des églises et temples, qu'il ne leur apparaisse de l'autorisation donnée par l'officier de l'état civil pour l'inhumation, à peine d'être poursuivis comme contrevenans aux lois (2). On leur fera l'application des peines suivantes :

Ceux qui, sans l'autorisation préalable de l'officier public, dans le cas où elle est prescrite, auront fait inhumer un individu décédé, seront punis de six jours à deux mois d'emprisonnement, et d'une amende de seize francs à cinquante francs ; sans préjudice de la poursuite des crimes dont les auteurs de ce délit pourraient être prévenus dans cette circonstance.

(1) Les fabriques des églises et consistoires ont le droit exclusif de faire les fournitures nécessaires pour les enterremens. (Déc. du 23 prair. an XII.)
(2) Décret du 4 thermidor an XIII.

La même peine aura lieu contre ceux qui auront contrevenu, de quelque manière que ce soit, à la loi et aux règlemens relatifs aux inhumations précipitées (1).

298. L'inhumation (2) doit être faite dans le cimetière de la commune où l'on est décédé, lors même que cette commune ne serait pas le chef-lieu de paroisse (3).

Cependant elle peut avoir lieu dans une autre commune, et même sur une propriété particulière, mais il faut pour cela obtenir l'autorisation de l'administration.

Dans ce cas, l'officier public rédigera un procès-verbal et en adressera une expédition au maire du lieu où l'inhumation doit être faite : cette pièce n'est qu'un acte de police et ne doit pas être portée sur les registres de l'état civil.

299. En cas de déclaration faite après l'inhumation, l'officier de l'état civil ne peut rédiger l'acte de décès, qu'en vertu d'un jugement (4).

(1) Code pénal, art. 358.
(2) Voyez le décret sur les sépultures, du 23 prairial an XII. (Bulletin des lois, 4ᵉ série, Bulletin 5, nᵒ 25.)
(3) Décision du ministre de l'intérieur.
(4) Avis du conseil d'état, du 12 brumaire an XI.

300. L'acte de décès contiendra les prénoms, nom, âge, profession et domicile de la personne décédée ; les prénoms et noms de l'autre époux, si la personne décédée était mariée ou veuve ; les prénoms, nom, âge, professions et domiciles des déclarans ; et, s'il sont parens, leur degré de parenté.

Le même acte contiendra de plus, autant qu'on pourra le savoir, les prénoms, noms, profession et domicile des père et mère du décédé, et le lieu de sa naissance (1).

Il doit, en outre, constater le jour et l'heure du décès (2).

Voyez, au surplus, chapitre Ier, quelles sont les formalités prescrites pour la rédaction des actes en général.

301. Lorsque le cadavre d'un enfant dont la naissance n'a pas été enregistrée sera présenté à l'officier de l'état civil, cet officier n'exprimera pas qu'un tel enfant est décédé, mais seulement qu'il lui a été présenté sans vie. Il recevra de plus la déclaration des témoins, touchant les noms, pré-

(1) Code civil, art. 79.—Voyez la formule n° 19.
(2) Cela peut être très-important, surtout dans le cas où deux personnes, dont l'une hérite de l'autre, sont décédées le même jour.

noms, qualités et demeures des père et mère de l'enfant, et la désignation des an, jour et heure auxquels l'enfant est sorti du sein de sa mère (1).

Cet acte sera inscrit à sa date sur les registres des décès, sans qu'il en résulte aucun préjugé sur la question de savoir si l'enfant a eu vie ou non (2).

302. En cas de décès dans les hôpitaux militaires, civils ou autres maisons publiques, les supérieurs, directeurs, administrateurs et maîtres de ces maisons, seront tenus d'en donner avis, dans les vingt-quatre heures, à l'officier de l'état civil, qui s'y transportera pour s'assurer du décès, et en dressera l'acte dans la forme ordinaire, sur les déclarations qui lui auront été faites, et sur les renseignemens qu'il aura pris.

Il sera tenu, en outre, dans lesdits hôpitaux et maisons, des registres destinés à inscrire ces déclarations et renseignemens (3).

303. L'officier de l'état civil enverra une expédition sur papier libre (4), de l'acte de

____

(1) Décret du 4 juillet 1806, art. 1er. — Voyez la formule n° 21.

(2) *Idem,* art. 2.

(3) Code civil, art. 80.

(4) Loi du 13 brumaire an VII, art. 16.

décès à celui du dernier domicile de la personne décédée, qui l'inscrira sur les registres (1). Voyez n° 95.

304. Si l'individu décédé dans un hôpital civil ou autre maison publique est militaire, l'officier de l'état civil devra, en outre, envoyer deux doubles de l'acte de décès au ministre de la guerre, par l'intermédiaire du sous-intendant militaire. Il aura soin d'y relater le numéro du registre-matricule qu'il aura trouvé sur le billet d'entrée ou sur les autres papiers du militaire (2).

305. Lorsqu'il y aura des signes ou indices de mort violente, ou d'autres circonstances qui donneront lieu de le soupçonner, on ne pourra faire l'inhumation qu'après qu'un officier de police (3), assisté d'un docteur en médecine ou en chirurgie, aura dressé procès-verbal de l'état du cadavre, et des circonstances y relatives, ainsi que des renseignemens qu'il aura pu recueillir sur les prénoms, nom, âge, profession, lieu de

(1) Code civil, art. 80.

(2) Instruction du ministre de la guerre, du 8 mars 1823. — La même obligation est imposée aux directeurs des hôpitaux militaires.

(3) Voyez le Code d'instruction criminelle, art. 8 et suivans.

naissance et domicile de la personne décédée (1).

306. L'officier de police sera tenu de
transmettre de suite à l'officier de l'état civil du lieu où la personne sera décédée,
tous les renseignemens énoncés dans son
procès-verbal (2), d'après lesquels l'acte
de décès sera rédigé dans la forme ordinaire et sans aucune mention du genre de
mort (3).

L'officier de l'état civil en enverra une
expédition sur papier libre (4) à celui du
domicile de la personne décédée, s'il est
connu : cette expédition sera inscrite sur
les registres (5). Voyez n° 95.

307. Si l'individu décédé était militaire,
un double de l'acte de décès sera, en outre,
remis au corps dont il faisait partie, s'il se
trouve sur les lieux. Si le corps avait chan-
gé de position, l'officier de l'état civil enverrait directement cette expédition au ministre de la guerre (6).

(1) Code civil, art. 81.
(2) *Idem*, art. 82.
(3) *Idem*, art. 85.
(4) Loi du 13 brumaire an VII, art. 16.
(5) Code civil, art. 82.
(6) Instruction du ministre de la guerre, du 8
mars 1823.

308. Ce que nous venons de dire s'applique au cas de décès par suite de suicide ou de duel (1).

309. Dans le cas d'exécution par suite d'un jugement portant peine de mort, le greffier sera tenu d'envoyer, dans les vingt-quatre heures, à l'officier de l'état civil du lieu où le condamné aura été exécuté, tous les renseignemens nécessaires pour rédiger l'acte de décès (2), dans les formes ordinaires et sans faire mention du genre de mort (3).

Si l'individu exécuté l'a été en vertu d'un jugement rendu par un tribunal militaire, le même envoi devra être fait, dans le même délai, par le procureur du Roi près ce tribunal, qui aura requis l'exécution (4).

310. L'officier de l'état civil devra, comme dans le cas précédent, envoyer une expédition sur papier libre, à celui du domicile de la personne décédée, s'il est connu, pour l'inscrire sur les registres. Voyez n° 95.

(1) Lois des 21 janvier 1790 et 20 septembre 1792. — Instruction du ministre de la guerre, du 8 mars 1823.

(2) Code civil, art. 83.

(3) *Idem,* art. 85.

(4) Instruction du ministre de la guerre, précitée.

8.

311. En cas de décès dans les prisons ou maisons de réclusion et de détention, il en sera donné avis sur-le-champ, par les concierges ou gardiens, à l'officier de l'état civil, qui s'y transportera, dressera l'acte de décès, et en enverra une expédition à celui du domicile de la personne décédée (1), le tout comme il est dit n° 302.

Si le décédé était militaire, il adressera de plus une expédition au ministre de la guerre (2).

L'acte ne fera pas mention du lieu du décès (3).

312. Lorsque des ouvriers auront péri par accident dans une mine qu'ils exploitaient, il est expressément prescrit aux maires et autres officiers de police de se faire représenter les corps et de ne permettre leur inhumation qu'après que le procès-verbal de l'accident aura été dressé ainsi qu'il a été dit n° 305, sous peine d'un emprisonnement de six jours à deux mois, et d'une amende de 16 fr. à 50 fr. ; s'ils avaient recélé ou caché le cadavre, l'emprisonne-

(1) Code civil, art. 84.
(2) Instruction du ministre de la guerre, du 8 mars 1823.
(3) Code civil, art. 85.

ment serait de six mois à deux ans, et l'amende de 50 fr. à 400 fr. (1).

L'acte de décès sera dressé dans les formes ordinaires.

Lorsqu'il y aura impossibilité de parvenir jusqu'au lieu où se trouvent les corps des ouvriers qui auront péri dans les travaux, les exploitans, directeurs et autres ayant-cause, seront tenus de faire constater cette circonstance par le maire ou autre officier public, qui en dressera procès-verbal, et le transmettra au procureur du Roi, à la diligence duquel, et sur l'autorisation du tribunal, cet acte sera annexé au registre de l'état civil (2).

De quelque manière qu'un accident soit arrivé, le procès-verbal ne sera transcrit qu'autant que le tribunal l'aura ordonné.

313. Il serait bien de se conformer à ces dispositions, en cas de décès arrivés par accident dans les carrières et autres exploitations souterraines.

314. A l'égard des individus consumés

(1) Décret contenant des dispositions de police relatives à l'exploitation des mines, du 3 janvier 1813, art. 18. — Code pénal, art. 358 et 359.

(2) Décret précité, art. 19.

dans un incendie ou noyés, dont on ne peut retrouver les corps, l'officier de l'état civil n'a aucun acte à dresser, ni rien à consigner sur les registres, à moins qu'un jugement ne l'ait ordonné (1).

315. L'officier de l'état civil doit remettre par trimestre, au receveur de l'enregistrement de l'arrondissement, un relevé par lui certifié des actes de décès.

Ces notices, sur papier non timbré, sont remises dans les mois de janvier, avril, juillet et octobre, à peine de trente francs d'amende par chaque mois de retard; l'officier de l'état civil en retire récépissé également sur papier non timbré (2).

Afin d'assurer l'exécution de ces dispositions, les receveurs de l'enregistrement remettent, dans les dix derniers jours de chaque trimestre, au maire de la circons-

(1) *Malleville,* Analyse du Code civil, t. 1er, p. 107.

(2) Lois des 22 frimaire an **VII**, art. 55, et 27 ventôse an **IX**, art. 6. — En cas de retard dans l'envoi de ces notices, les receveurs de l'enregistrement ont été invités à se borner, par égard pour les officiers de l'état civil, à en donner connaissance à leur directeur, qui demande au préfet de stimuler les retardataires. (Instruction générale de la direction de l'enregistrement, n° 71.)

cription de leur bureau, un tableau impri-
mé pour y inscrire les décès (1).

316. Les officiers de l'état civil sont tenus, en outre, de donner avis, sans aucun
délai, au juge de paix de leur canton, de la
mort de toute personne qui laisse pour héritiers des mineurs ou des absens (2).

317. Ils doivent également adresser au
même magistrat un extrait des actes de décès des rentiers viagers et pensionnaires
de l'état. Cet extrait, délivré sur papier
libre, indiquera le montant de la rente via-
gère ou pension dont le titulaire jouissait
sur le trésor royal, ainsi que la nature de la
pension civile, ecclésiastique, ou de veuve
de militaire (3).

(1) Circulaire de la direction de l'enregistrement, n° 2045.
(2) Arrêté du 22 prairial an VII (10 juin 1799).
(3) Circulaire du garde des sceaux, du 22 novembre 1814.

SECTION II.

DES ACTES DE DÉCÈS HORS DU ROYAUME.

SOMMAIRE.

318. Des actes de décès des militaires hors du royaume.

319. Du devoir de l'officier de l'état civil, si les témoins ne se présentent pas volontairement.

320. Des actes de décès des officiers sans troupe et employés.

321. Envois à faire par l'officier chargé de la tenue des registres de l'état civil.

322. *Idem*, pour les militaires appartenant à un corps.

323. Des décès dans les hôpitaux militaires : envois à faire de l'acte qui est dressé.

324. Devoir de l'officier de l'état civil en France, qui reçoit de l'armée l'expédition d'un acte.

325. Des décès sur le champ de bataille.

326. Le genre de mort doit être énoncé.

327. L'acte est à rédiger, fut-il irrégulier.

328. Des actes de décès des militaires prisonniers de guerre.

329. Des actes de décès sur mer.

330. Des actes de décès des Français, en pays étranger.

318. Les actes de décès à l'armée (1) se-

---

(1) Voyez les notes du n° 22 et 98.

ront dressés sur l'attestation de trois témoins (1).

On se conformera, d'ailleurs, aux autres formalités prescrites pour les actes de décès en France (2).

319. L'officier de l'état civil, avant de rédiger un acte de décès, doit requérir les témoins qu'il sait exister, s'ils ne se présentent pas volontairement; et en cas de refus de comparaître, il doit avoir recours à l'autorité supérieure pour les y contraindre (3).

320. L'intendant militaire attaché au grand quartier-général et celui de chaque corps d'armée, ou, à défaut de l'un d'eux, le sous-intendant qui le remplace, doivent en principe remplir les fonctions d'officier de l'état civil seulement pour les officiers sans troupe et les employés de leurs corps d'armée respectifs.

Cependant, s'il arrivait que quelque officier sans troupe ou agent civil vînt à mourir étant momentanément employé à un autre corps d'armée que le sien, l'acte de

(1) Code civil, art. 96.
(2) Instruction du ministre de la guerre, du 8 mars 1823.
(3) *Idem*.

son décès devrait, dans ce cas, être rédigé par l'intendant ou sous-intendant militaire du corps d'armée où il se trouvait alors, et copie de cet acte serait adressée à l'intendant militaire de son ancien corps, qui, en transcrivant cette pièce sur son registre, ferait mention des causes qui auraient donné lieu à cette manière d'opérer (1).

321. L'officier chargé de la tenue des registres de l'état civil devra, dans les dix jours qui suivront l'inscription d'un acte de décès auxdits registres, en envoyer un extrait à l'officier de l'état civil du dernier domicile du décédé (2).

Un double de cet extrait sera, en outre, adressé au ministre de la guerre.

322. Pour les militaires appartenant à un corps, lesdits extraits de mort seront envoyés à l'officier de l'état civil du dernier domicile du décédé, et au ministre de la guerre, par l'intermédiaire du conseil d'administration, après qu'ils auront été relatés sur les registres matricules (3).

(1) Instruction du ministre de la guerre, du 8 mars 1823.

(2) Code civil, art. 96. — Voyez n° 119, et le modèle n° 23.

(3) Instruction du ministre de la guerre, précitée.

323. En cas de décès dans les hôpitaux militaires ambulans ou sédentaires, l'acte en sera rédigé par le directeur desdits hôpitaux, sur l'attestation de trois témoins, et suivant les formes ordinaires, ainsi que nous l'avons dit n° 302.

L'acte sera envoyé au quartier-maître du corps, ou à l'inspecteur aux revues de l'armée ou du corps d'armée dont le décédé faisait partie. Ces officiers en feront parvenir une expédition à l'officier de l'état civil du dernier domicile du décédé (1).

Les directeurs des hôpitaux militaires doivent de plus, tenir des registres sur lesquels ils inscriront les actes de décès dressés par eux, et en remettre chaque mois un extrait, en double expédition, au sous-intendant militaire, qui fera passer de suite au ministre de la guerre ces deux actes mortuaires (2).

Quant à l'envoi qui doit être fait à l'officier de l'état civil en France, on doit considérer comme dernier domicile le lieu de naissance du décédé, à moins d'une déclaration contraire (3).

(1) Code civil, art. 97.
(2) Instruction du ministre de la guerre du 8 mars 1823.
(3) *Idem*.

324. L'officier de l'état civil en France, auquel il aura été envoyé de l'armée expédition d'un acte de décès, sera tenu de l'inscrire de suite sur les registres (1).

325. A l'égard des militaires tués sur le champ de bataille, l'officier de l'état civil se fera rendre compte, à la suite de chaque action, par les sergens-majors des compagnies, du nom des militaires manquans. Il fera appeler ensuite, pour chaque individu, les trois témoins voulus par la loi, et qui attesteront les causes de l'absence; il constatera par ce moyen, par des actes séparés, la mort ou la prise par l'ennemi des hommes absens (2).

326. Les officiers de l'état civil relateront le genre de mort dans les actes de décès relatifs aux individus morts sur le champ de bataille, ou des suites de blessures reçues en combattant l'ennemi, ou de maladies provenant des fatigues de la guerre, ou enfin morts de maladies ordinaires, et dont le genre sera spécifié par les officiers de santé (3).

(1) Code civil, art. 98. — Voyez n° 95.
(2) Instruction du ministre de la guerre, du 8 mars 1823.
(3) *Idem.*

327. Les événemens de la guerre empêchent souvent de réunir le nombre de témoins nécessaire pour constater le décès d'un militaire, ou de le faire dans les délais exigés, ou enfin de se conformer, dans la rédaction de l'acte, à toutes les dispositions prescrites par la loi. On ne doit pas néanmoins négliger de le dresser, en ayant soin d'indiquer, dans cette pièce, les irrégularités qui s'y trouvent, et les motifs qui se sont opposés à ce qu'on y apportât plus d'exactitude, afin que, dans aucun temps, ce défaut de forme ne puisse être considéré comme un oubli.

Ces espèces d'actes deviennent pour les familles un commencement de preuve, et les tribunaux fixent ensuite le degré de valeur qu'on doit y donner.

En principe général, on ne doit donc jamais manquer de constater le décès d'un individu mort à l'armée, indépendamment de toutes les circonstances, puisque la pièce qui en résultera, et dont la non-existence serait irréparable, peut un jour obtenir de la sanction des tribunaux un caractère légal, et devenir alors un titre positif.

Les officiers de l'état civil ne doivent cependant pas conclure de cette observation, qu'il est quelquefois permis de ne pas s'astreindre à toutes les formalités prescrites par la loi : les moyens indiqués ci-dessus ne peuvent être employés que dans une nécessisé absolue ; et la responsabilité des officiers serait gravement compromise, si la rédaction d'une pièce de cette nature donnait lieu à découvrir que quelque défaut dans les formes peut être attribué à leur négligence ou au peu d'efficacité des moyens dont ils auraient cru devoir se servir. C'est par cette raison qu'ils doivent toujours avoir le soin d'énoncer d'une manière claire et détaillée les motifs qui les ont empêchés de se conformer en tout point aux dispositions prescrites par les différens articles du Code civil (1).

328. Quant aux militaires qui mourraient prisonniers de guerre, les actes en seront rédigés dans les formes usitées dans le pays où ils viendraient à décéder (2).

329. En cas de décès pendant un voyage de mer, il en sera dressé acte dans les vingt-

(1) Instruction du ministre de la guerre, du 8 mars 1823.

(2) *Idem.*—Voyez, au surplus, la loi du 13 janvier 1817, relative aux moyens de constater le sort des militaires absens. (Bulletin des lois, 7ᵉ série, nº 1530.)

quatre heures, en présence de deux témoins pris parmi les officiers du bâtiment, ou, à leur défaut, parmi les hommes de l'équipage (1).

On se conformera, pour la rédaction de l'acte, aux formalités générales relatives aux actes de décès en France, et l'on suivra exactement du reste, ce que nous avons dit n° 122 (2).

330. A l'égard des décès de Français en pays étranger, appliquez ce que nous avons dit n° 123 et 124.

(1) Code civil, art. 86.
(2) *Idem*, art. 87.

TITRE VII.

DE LA RECTIFICATION DES ACTES.

SOMMAIRE.

331. Il ne peut être fait de changement sur les registres de l'état civil qu'en vertu d'un jugement.
332. Des formalités à observer pour la rectification des actes.
333. De l'inscription des jugemens de rectification sur les registres.
334. Modèle de cette inscription.
335. De la mention à faire en marge de l'acte réformé.
336. Ce que cette mention doit contenir : modèle.
337. De la délivrance des actes rectifiés.
338. Du cas où un jugement de rectification transcrit sur les registres serait réformé.

331. Ainsi que nous l'avons dit n° 94, aucun changement ne peut être fait sur les registres de l'état civil qu'en vertu d'un jugement.

332. Il n'entre pas dans notre plan d'indiquer les formalités à observer pour la rec-

tification des actes (1) : nous nous bornerons à faire connaître quels sont, à cet égard, les devoirs de l'officier public.

333. Tout jugement de rectification sera inscrit sur les registres par l'officier de l'état civil, aussitôt qu'il lui aura été remis (2).

334. Cette inscription peut être faite de la manière suivante :

(1) Voyez l'avis du conseil d'état, sur les formalités à observer pour les rectifications à faire aux registres de l'état civil, du 13 nivôse an X (Bulletin des lois 225, n° 2058, 3e série); celui concernant les formalités à observer pour inscrire, sur les registres de l'état civil, des actes qui n'y ont pas été portés dans les délais prescrits, du 12 brumaire an XI (Même Bulletin, n° 2067); le Code civil, art. 99 et suivans, et 326; le Code de procédure civile, art. 855 et suivans; le décret du 18 juin 1811, sur les frais de justice en matière criminelle, art. 121 et suivans; la loi sur les finances, du 25 mars 1817, art. 75; la loi relative aux prénoms et changemens de noms, du 11 germinal an XI (Bulletin des lois 267, n° 2614, 3e série.). — Les dispositions de cette dernière loi, art. 3, sont applicables au cas où une personne à qui son acte de naissance ne donnerait pas de prénoms, voudrait avoir le droit d'en prendre.

(2) Code civil, art. 101; Code de procédure civile, art. 857.

L'an   , le   , du mois de   ,
pardevant nous   *(maire et adjoint)*,
officier de l'état civil de   , canton de   ,
arrondissement de   ,
département de   ,
s'est présenté   ,
lequel nous a remis *(ou)* signifié *(si c'est un huissier)* l'expédition en forme d'un jugement du tribunal de première instance de   , en date du   , dont la teneur suit : *(transcrire le jugement en entier)* laquelle pièce est demeurée annexée au présent registre.

A   le

(Suit la signature.)

Il est utile d'indiquer, en marge de cette transcription, l'acte rectifié. On le fait en ces termes :

Jugement portant réformation de l'acte inscrit le   , sur le double registre des actes de   , folio   ,

335. Il doit, en outre, être fait mention de ce jugement en marge de l'acte réformé (1).

Cette mention sera faite par l'officier de l'état civil, sur les registres courans, ou sur ceux qui auront été déposés aux archives de la commune, et par le greffier du tribu-

____

(1) Code civil, art. 101 ; Code de procédure civile, art. 857.

nal de première instance, sur les registres déposés au greffe ; à l'effet de quoi l'officier de l'état civil en donnera avis, dans les trois jours, au procureur du Roi près ledit tribunal, qui veillera à ce que la mention soit faite d'une manière uniforme sur les deux registres (1).

336. Cette mention doit présenter un extrait assez complet du jugement de rectification pour que les parties soient dispensées d'en lever une expédition, lorsqu'elles demandent la délivrance de l'acte. Elle peut être conçue en ces termes :

Acte réformé par jugement du   ,
portant que   , inscrit le   , sur
le double registre des actes de   ,
folio   .

337. L'acte ne sera plus délivré qu'avec les rectifications ordonnées, à peine de tous dommages-intérêts contre l'officier public qui l'aurait délivré (2).

Cela ne veut pas dire qu'on doive faire ces changemens dans l'acte : il sera toujours expédié tel qu'il existe ; on fera seu-

(1) Code civil, art. 49.
(2) Code de procédure civile, art. 857.

lement mention à la suite des rectifications *qui ont été ordonnées* (1), ainsi que nous l'avons dit n° 58.

Si la mention qui est en marge porte l'extrait du jugement, comme dans le modèle que nous venons de donner, on se bornera à la rapporter, en la faisant précéder de ces mots : *en marge est écrit.*

338. Il peut arriver qu'un jugement transcrit sur les registres et mentionné à la marge de l'acte soit attaqué et réformé par la cour royale (2) : dans ce cas, la transcription et la mention devront rester telles qu'elles sont (3); l'arrêt sera transcrit de la même manière que le jugement; mention en sera également faite en marge de l'acte, à la suite de la première mention, et toute expédition qui sera délivrée portera l'une et l'autre mention.

(1) Avis du conseil d'état, du 4 mars 1808.
(2) Code civil, art. 99; Code de procédure civile, art. 858.
(3) Code de procédure civile, art. 857.

APPENDICE

CONTENANT LES LOIS, DÉCRETS, ORDONNANCES, AVIS DU CONSEIL D'ÉTAT, DÉCISIONS ET CIRCULAIRES MINISTÉRIELLES RELATIFS AUX ACTES DE L'ÉTAT CIVIL.

———

ARRÊTÉ *concernant les avis à donner de la mort des personnes qui laissent pour héritiers des pupilles, des mineurs ou des absens*, du 22 prairial an VII (10 juin 1799).

Art. 1er. Dans chaque commune où ne réside pas un juge de paix, l'agent municipal, et à son défaut, son adjoint, sont tenus de donner avis sans aucun délai, au juge de paix résidant dans le canton, ou, à son défaut, au suppléant le plus voisin, de la mort de toute personne de son arrondissement qui laisse pour héritiers, des pupilles, des mineurs ou des absens. (Et ce à peine de suspension de leurs fonctions.)

———

AVIS *du conseil d'état concernant les formalités à observer pour inscrire sur les registres de l'état civil, des actes qui n'y ont pas été portés dans les délais prescrits*, du 12 brumaire an XI (3 novembre 1802).

Le conseil d'état, qui, d'après le renvoi des consuls, a entendu le rapport de la section de législation sur ceux des ministres de la justice et de l'intérieur, relatifs aux questions de savoir :

1°. Si l'officier de l'état civil peut rédiger et inscrire, d'après les déclarations des parties, les actes de l'état civil non inscrits sur les registres dans les délais prescrits par la loi, ou s'il est nécessaire que cette inscription soit autorisée par un jugement;

2°. Si, dans ce cas, il ne conviendrait pas que les procureurs du Roi près les tribunaux intervinssent d'office pour requérir les jugemens, afin d'en éviter les frais aux parties, est d'avis:

Sur la première question, que les principes qui ont motivé l'avis du 13 nivôse an X, sur la rectification des actes de l'état civil, sont, à plus forte raison, applicables au cas de l'omission de ces actes sur les registres, puisque la rectification n'a pour objet que de substituer la vérité à une erreur dans un acte déjà existant, et que lorsqu'on demande à réparer une omission d'acte, il s'agit évidemment de donner un état; que s'il était permis à l'officier de l'état civil de recevoir, sans aucune formalité, des déclarations tardives, et de leur donner de l'authenticité, on pourrait introduire des étrangers dans les familles, et que cette faculté serait la source des plus grands désordres; que les actes omis ne peuvent être inscrits sur les registres, qu'en vertu de jugemens rendus en grande connaissance de cause de l'omission, contradictoirement avec les parties intéressées, ou celles appelées, et sur les conclusions du ministère public; et que ces jugemens peuvent même être attaqués, en tout état, par les parties qui n'y auraient pas été appelées;

Sur la seconde question, qu'il est plus convenable de laisser aux parties intéressées à faire réparer l'omission des actes de l'état civil, le soin de provoquer les jugemens, sauf le droit qu'ont incontestablement les procureurs du Roi, d'agir d'office en cette matière dans les circonstances qui intéressent l'ordre public.

Loi *relative aux prénoms et changemens de noms*,
du 11 germinal an XI (1er avril 1803).

TITRE PREMIER. — *Des prénoms.*

Art. 1er. A compter de la publication de la présente loi, les noms en usage dans les différens calendriers, et ceux des personnages connus de l'histoire ancienne, pourront seuls être reçus, comme prénoms, sur les registres de l'état civil destinés à constater la naissance des enfans; et il est interdit aux officiers publics d'en admettre aucun autre dans leurs actes.

2. Toute personne qui porte actuellement comme prénom, soit le nom d'une famille existante, soit un nom quelconque qui ne se trouve pas compris dans l'article précédent, pourra en demander le changement, en se conformant aux dispositions de ce même article.

3. Le changement aura lieu d'après un jugement du tribunal d'arrondissement qui prescrira la rectification de l'acte de l'état civil.

Ce jugement sera rendu, le procureur du Roi entendu, sur simple requête présentée par celui qui demandera le changement, s'il est majeur ou émancipé et par ses père et mère ou tuteur, s'il est mineur.

TITRE II. — *Des changemens de noms.*

Art. 4. Toute personne qui aura quelque raison de changer de nom, en adressera la demande motivée au gouvernement.

5. Le gouvernement prononcera dans la forme prescrite pour les règlemens d'administration publique.

6. S'il admet la demande, il autorisera le changement de nom, par un arrêté rendu dans la

même forme, mais qui n'aura son exécution qu'après la révolution d'une année, à compter du jour de son insertion au Bulletin des lois.

7. Pendant le cours de cette année, toute personne y ayant droit sera admise à présenter requête au gouvernement pour obtenir la révocation de l'arrêté autorisant le changement de nom, et cette révocation sera prononcée par le gouvernement, s'il juge l'opposition fondée.

8. S'il n'y a pas eu d'oppositions, ou si celles qui ont été faites n'ont point été admises, l'arrêté autorisant le changement de nom, aura son plein et entier effet à l'expiration de l'année.

9. Il n'est rien innové, par la présente loi, aux dispositions des lois existantes relatives aux questions d'état entraînant changement de noms, qui continueront à se poursuivre devant les tribunaux dans les formes ordinaires.

———

ARRÊTÉ *sur le mode de délivrance des dispenses relatives au mariage,* du 20 prairial an XI (9 juin 1803).

Vu les art. 144, 157 et 163 du Code civil, etc.

Art. 1er. Les dispenses pour se marier avant dix-huit ans révolus pour les hommes et quinze ans révolus pour les femmes et celles pour se marier dans les degrés prohibés par l'art. 157 du premier livre du Code civil, seront délivrés par le gouvernement, sur le rapport du grand-juge.

2. Le procureur du Roi, près le tribunal de première instance de l'arrondissement dans lequel les impétrans se proposent de célébrer le mariage, lorsqu'il s'agira de dispenses dans les degrés prohibés, ou de l'arrondissement dans lequel l'impétrant a son domicile, lorsqu'il s'a-

gira de dispenses d'âge, mettra son avis au pied de la pétition tendant à obtenir ces dispenses, et elle sera de suite adressée au grand-juge.

3. Les dispenses de la seconde publication de bancs, dont est mention dans l'article 163 du même livre du Code civil, seront accordées, s'il y a lieu, au nom du gouvernement, par le procureur du Roi près le tribunal de première instance, dans l'arrondissement duquel les impétrans se proposent de célébrer leur mariage ; et il sera rendu compte, par ce magistrat, au grand-juge, ministre de la justice, des causes graves qui auront donné lieu à chacune de ces dispenses.

4. La dispense d'une seconde publication de bancs sera déposée au secrétariat de la commune où le mariage sera célébré. Le secrétaire en délivrera une expédition dans laquelle il sera fait mention du dépôt, et qui demeurera annexée à l'acte de célébration de mariage.

5. L'arrêté du gouvernement portant la dispense d'âge , ou celle dans les degrés prohibés, sera , à la diligence du procureur du Roi, et en vertu de l'ordonnance du président , enregistré au greffe du tribunal civil de l'arrondissement dans lequel le mariage sera célébré. Une expédition de cet arrêté, dans laquelle il sera fait mention de l'enregistrement , demeurera annexée à l'acte de célébration de mariage.

Avis *du conseil d'état relatif au mode de suppléer le défaut de signature de l'officier de l'état civil, décédé ou autrement empêché,* du 30 frimaire an XII (22 décembre 1803).

Le conseil d'état qui, d'après le renvoi du gouvernement, a entendu le rapport de la section de l'intérieur sur celui du ministre chargé de ce département, tendant à ce qu'il soit présenté au corps législatif une loi pour autoriser le maire actuel de la commune de Silly, département du Léman, à signer des actes de naissance et décès de l'an VIII que n'a pas signés l'agent municipal qui était alors en exercice et est décédé depuis ; vu les avis du conseil d'état, en date des 12 nivôse an X et 8 brumaire an XI, est d'avis que les lacunes, omissions, erreurs dans les registres de l'état civil, doivent être remplies, suppléées ou réparées d'après un jugement des tribunaux, provoqué, ou par les particuliers qui y ont intérêt, ou par le ministère public.

Que dans ce cas particulier, les registres des communes devant être déposés au greffe du tribunal d'arrondissement, et le commissaire du gouvernement, aux termes de l'article 53 de la loi du 20 ventôse an XI, devant dresser procès-verbal de ce dépôt, après examen, il assurera la régularisation des registres, en vertu d'un jugement provoquera d'office, sans qu'il soit besoin de loi.

DÉCRET *sur les sépultures*, du 23 prairial an XII
(12 juin 1804).

TITRE PREMIER.—*Des sépultures et des lieux qui leur sont consacrés.*

Art. 1er. Aucune inhumation n'aura lieu dans les églises, temples, synagogues, hôpitaux, chapelles publiques, et généralement dans aucun des édifices clos et fermés où les citoyens se réunissent pour la célébration de leurs cultes, ni dans l'enceinte des villes et bourgs.

2. Il y aura, hors de chacune de ces villes ou

bourgs, à la distance de trente-cinq à quarante mètres au moins de leur enceinte, des terrains spécialement consacrés à l'inhumation des morts.

3. Les terrains les plus élevés et exposés au nord seront choisis de préférence ; ils seront clos de murs de deux mètres au moins d'élévation. On y fera des plantations, en prenant les précautions convenables pour ne point gêner la circulation de l'air.

4. Chaque inhumation aura lieu dans une fosse séparée ; chaque fosse qui sera ouverte, aura un mètre cinq décimètres à deux mètres de profondeur, sur huit décimètres de largeur, et sera ensuite remplie de terre bien foulée.

5. Les fosses seront distantes les unes des autres de trois à quatre décimètres sur les côtés, et de trois à cinq décimètres à la tête et aux pieds.

6. Pour éviter le danger qu'entraîne le renouvellement trop rapproché des fosses, l'ouverture des fosses pour de nouvelles sépultures n'aura lieu que de cinq années en cinq années ; en conséquence les terrains destinés à former les lieux de sépulture seront cinq fois plus étendus que l'espace nécessaire pour y déposer le nombre présumé des morts qui peuvent y être enterrés chaque année.

TITRE II. — *De l'établissement des nouveaux cimetières.*

Art. 7. Les communes qui seront obligées, en vertu des articles 1 et 2 du titre Ier, d'abandonner les cimetières actuels et de s'en procurer de nouveaux hors de l'enceinte de leurs habitations, pourront, sans autre autorisation que celle qui leur est accordée par la déclaration du 10 mars 1776, acquérir les terrains qui leur seront nécessaires, en remplissant les formes voulues par l'arrêté du 7 germinal an IX.

8. Aussitôt que les nouveaux emplacemens seront disposés à recevoir les inhumations, les cimetières existans seront fermés, et resteront dans l'état où ils se trouveront, sans que l'on en puisse faire usage pendant cinq ans.

9. A partir de cette époque, les terrains servant maintenant de cimetières pourront être affermés par les communes auxquelles ils appartiennent; mais à condition qu'ils ne seront qu'ensemencés ou plantés, sans qu'il puisse y être fait aucune fouille ou fondation pour des constructions de bâtiment, jusqu'à ce qu'il en soit autrement ordonné.

TITRE III. — *Des concessions de terrains dans les cimetières.*

Art. 10. Lorsque l'étendue des lieux consacrés aux inhumations le permettra, il pourra y être fait des concessions de terrains aux personnes qui désireront y posséder une place distincte et séparée pour y fonder leur sépulture et celle de leurs parens ou successeurs, et y construire des caveaux, monumens ou tombeaux.

11. Les concessions ne seront néanmoins accordées qu'à ceux qui offriront de faire des fondations ou donations en faveur des pauvres et des hôpitaux, indépendamment d'une somme qui sera donnée à la commune, et lorsque ces fondations ou donations auront été autorisées par le gouvernement dans les formes accoutumées, sur l'avis des conseils municipaux et la proposition des préfets.

12. Il n'est point dérogé, par les deux articles précédens, aux droits qu'a chaque particulier,

sans besoin d'autorisation, de faire placer sur la fosse de son parent ou de son ami une pierre sépulcrale ou autre signe indicatif de sépulture, ainsi qu'il a été pratiqué jusqu'à présent.

13. Les maires pourront également, sur l'avis des aministrations des hôpitaux, permettre que l'on construise dans l'enceinte de ces hôpitaux, des monumens pour les fondateurs et bienfaiteurs de ces établissemens, lorsqu'ils en auront déposé le desir dans leurs actes de donation, de fondation ou de dernière volonté.

14. Toute personne pourra être enterrée sur sa propriété, pourvu que ladite propriété soit hors et à la distance prescrite de l'enceinte des villes et bourgs.

TITRE IV.—*De la police des lieux de sépulture.*

Art. 15. Dans les communes où l'on professe plusieurs cultes, chaque culte doit avoir un lieu d'inhumation particulier; et dans les cas où il n'y aurait qu'un seul cimetière, on le partagera par des murs, haies ou fossés, en autant de parties qu'il y a de culte différeus, avec une entrée particulière pour chacune, et en proportionnant cet espace au nombre d'habitans de chaque culte.

16. Les lieux de sépulture, soit qu'ils appartiennent aux communes, soit qu'ils appartiennent aux particuliers, seront soumis à l'autorité, police et surveillance des administrations municipales.

17. Les autorités locales sont spécialement chargées de maintenir l'exécution des lois et réglemens qui prohibent les exhumations non autorisées, et d'empêcher qu'il ne se commette dans les lieux de sépulture aucun désordre, ou qu'on

s'y permette aucun acte contraire au respect dû à la mémoire des morts.

TITRE V.—*Des pompes funèbres.*

Art. 18. Les cérémonies précédemment usitées pour les convois, suivant les différens cultes, seront rétablies, et il sera libre aux familles d'en régler la dépense selon leurs moyens et facultés : mais hors de l'enceinte des églises et des lieux de sépulture, les cérémonies religieuses ne seront permises que dans les communes où l'on ne professe qu'un seul culte, conformément à l'art. 45 de la loi du 18 germinal an X.

19. Lorsque le ministre d'un culte, sous quelque prétexte que ce soit, se permettra de refuser son ministère pour l'inhumation d'un corps, l'autorité civile, soit d'office, soit sur la réquisition de la famille, commettra un autre ministre du même culte pour remplir ces fonctions ; dans tous les cas, l'autorité civile est chargée de faire porter, présenter, déposer et inhumer les corps.

20. Les frais et rétributions à payer aux ministres des cultes et autres individus attachés aux églises et temples, tant pour leur assistance aux convois que pour les services requis par les familles, seront réglés par le gouvernement, sur l'avis des évêques, des consistoires et des préfets, et sur la proposition du conseiller d'état chargé des affaires concernant les cultes. Il ne sera rien alloué pour leur assistance à l'inhumation des individus inscrits aux rôles des indigens.

21. Le mode le plus convenable pour le transport des corps sera réglé suivant les localités, par les maires, sauf l'approbation des préfets.

22. Les fabriques des églises et les consistoires jouiront seuls du droit de fournir les voitures,

tentures, ornemens, et de faire généralement toutes les fournitures quelconques nécessaires pour les enterremens, et pour la décence ou la pompe des funérailles.

Les fabriques et consistoires pourront faire exercer ou affermer ce droit, d'après l'approbation des autorités civiles sous la surveillance desquelles ils sont placés.

23. L'emploi des sommes provenant de l'exercice ou de l'affermage de ce droit, sera consacré à l'entretien des églises, des lieux d'inhumation, et au paiement des desservans : cet emploi sera réglé et réparti sur la proposition du conseiller d'état chargé des affaires concernant les cultes, et d'après l'avis des évêques et des préfets.

24. Il est expressément défendu à toutes autres persounes, quelles que soient leurs fonctions, d'exercer le droit susmentionné, sous telle peine qu'il appartiendra, sans préjudice des droits résultant des marchés existans et qui ont été passés entre quelques entrepreneurs et les préfets ou autres autorités civiles, relativement aux convois et pompes funèbres.

25. Les frais à payer par les successions des personnes décédées, pour les billets d'enterrement, le prix des tentures, les bières et le transport des corps, seront fixés par un tarif proposé par les administrations municipales, et arrêté par les préfets.

26. Dans les villages et autres lieux où le droit précité ne pourra être exercé par les fabriques, les autorités locales y pourvoiront, sauf l'approbation des préfets.

Avis *du conseil d'état sur les preuves admissibles pour constater le décès des militaires*, du 17 germinal an XIII (7 avril 1805).

Le conseil d'état, qui a entendu le rapport de la section de législation sur celui du grand-juge, ministre de la justice, tendant à faire décider si, en l'absence de preuves positives du décès d'un militaire, on peut admettre, pour les remplacer, des présomptions résultant soit de témoignages vocaux, soit de l'absence prolongée pendant plusieurs années, est d'avis,

1°. Qu'il y aurait, comme l'observe le grand-juge lui-même, un extrême danger à admettre comme preuves de décès, de simples actes de notoriété fournis après coup et résultant le plus souvent de quelques témoignages achetés ou arrachés à la faiblesse; qu'ainsi cette voie est impraticable;

2°. Qu'à l'égard de l'absence, ses effets sont réglés par le Code civil en tout ce qui concerne les biens, mais qu'on ne peut aller au-delà, ni déclarer le mariage de l'absent dissous après un certain nombre d'années; qu'à la vérité plusieurs femmes de militaires peuvent, à ce sujet, se trouver dans une position fâcheuse, mais que cette considération n'a point paru, lors de la discussion du Code civil, assez puissante pour les relever de l'obligation de rapporter une preuve légale, sans laquelle on exposerait la société à de déplorables erreurs, et à des inconvéniens beaucoup plus graves que les maux particuliers auxquels on voudrait obvier.

En cet état, le conseil estime qu'il n'y a pas lieu de déroger au droit commun, ni d'y introduire une exception que la législation n'a jamais admise.

Avis *du conseil d'état sur les formalités relatives au mariage,* du 4 thermidor an XIII (23 juillet 1805).

Le conseil d'état, auquel Sa Majesté a renvoyé un rapport. du grand-juge, ministre de la justice, sur les difficultés que rencontrent beaucoup de mariages dans l'application de divers articles du Code civil ;

Après avoir ouï le rapport de la section de législation :

Considérant que les difficultés naissent de ce que les officiers de l'état civil ne discernent pas assez soigneusement les divers cas que la loi a voulu régler, de ceux qu'elle a laissé à la disposition des principes généraux et du droit commun ;

Que, quoique l'acte de naissance des futurs mariés soit nécessaire, il est pourtant permis de le remplacer par les formalités mentionnées dans l'article 71 ; mais que ces formalités, prescrites lorsqu'il s'agit de suppléer au titre constitutif de l'état des personnes, ne peuvent être exigées en remplacement d'actes moins essentiels ; qu'il ne faut donc pas, pour remplacer l'acte de décès des pères et mères ou ascendans, un acte de notoriété contenant la déclaration de sept témoins et homologué par le tribunal ;

Que le supplément naturel de l'acte de décès des pères et mères est dans la présence des aïeuls et aïeules, et dans l'attestation qu'on peut leur demander de ce décès ;

Que si, par l'ignorance du lieu où sont décédés les pères et mères et ascendans, on ne peut produire leur acte de décès ; que si, comme cela arrive souvent dans les classes pauvres, par l'ignorance du dernier domicile, on ne peut recourir à l'acte de notoriété prescrit par l'article 155 et destiné à constater l'absence d'un domicile connu, dans ce cas la raison suggère de se contenter de la déclaration des témoins; que déjà, dans beaucoup d'occasions semblables, les officiers de l'état civil de Paris ont procédé aux mariages sur des actes de notoriété passés ou devant notaires ou devant les juges de paix, par des témoins que les parties ont produits;

Qu'il n'en est résulté aucun inconvénient ni plainte; qu'il en est au contraire résulté beaucoup lorsque, dans des cas pareils, on a voulu être plus rigoureux et exiger davantage;

Que même plusieurs fois on a suivi une voie plus simple et encore moins coûteuse que celle des actes de notoriété, et qui mérite d'être préférée et de devenir générale : on s'est contenté de la déclaration des quatre témoins nécessaires à l'acte de mariage, faite à l'officier public et mentionnée dans cet acte;

Que cette déclaration, aussi solennelle qu'un acte de notoriété, est sans danger relativement au mariage des majeurs, pour lequel le consentement ou le conseil des ascendans n'est pas d'une nécessité absolue et dirimante;

Que rien n'est à craindre relativement au mariage des mineurs, puisqu'en force de l'article 160 du Code civil, toutes les fois qu'il n'y a ni pères ni mères, ni aïeuls ou aïeules, ou qu'ils se trouvent dans l'impossibilité de manifester leur volonté, les fils ou filles mineurs de vingt-un ans ne peuvent contracter mariage sans le consentement du conseil de famille, est d'avis,

1º. Qu'il n'est pas nécéssaire de produire les actes de décès des pères et mères des futures mariés, lorsque les aïeuls ou aïeules attestent ce décès; et, dans ce cas, il doit être fait mention de leur attestation dans l'acte de mariage;

2°. Que si les pères, mères, aieuls ou aïeules, dont le consentement ou conseil est requis, sont décédés, et si l'on est dans l'impossibilité de produire l'acte de leur décès ou la preuve de leur absence, faute de connaître leur dernier domicile, il peut être procédé à la célébration du mariage des majeurs, sur leur déclaration à serment que le lieu du décès et celui du dernier domicile de leurs ascendans leur sont inconnus. Cette déclaration doit être certifiée aussi par serment des quatre témoins de l'acte de mariage, lesquels affirment que, quoiqu'ils connaissent les futurs époux, ils ignorent le lieu du décès de leurs ascendans et leur dernier domicile. Les officiers de l'état civil doivent faire mention, dans l'acte de mariage, desdites déclarations.

Décret *relatif aux autorisations des officiers de l'état civil pour les inhumations*, du 4 thermidor an XIII (23 juillet 1805).

Sur le rapport du grand-juge ministre de la justice;

Vu l'article 77 du Code civil, portant : « Aucune inhumation ne sera faite sans une autorisation sur papier libre et sans frais de l'officier de l'état civil »;

Vu le décret du 23 prairial an XII, sur les sépultures, qui soumet à l'autorité, police et surveillance des administrations municipales, les lieux de sépulture, et accorde aux fabriques des églises et consistoires le droit exclusif de faire les fournitures nécesaires pour les enterremens;

Le conseil d'état entendu, décrète,

Art. 1er. Il est défendu à tous maires, adjoints, et membres d'administrations municipales, de souffrir le transport, présentation, dépôt, inhu-

mation des corps, ni l'ouverture des lieux de
sépulture ; à toutes fabriques d'églises et consistoires, ou autres ayant droit de faire les fournitures requises pour les funérailles, de livrer
lesdites fournitures ; à tous curés, desservans et
pasteurs, d'aller lever aucuns corps, ou de les
accompagner hors des églises et temples, qu'il
ne leur apparaisse de l'autorisation donnée par
l'officier de l'état civil pour l'inhumation, à
peine d'être poursuivis comme contrevenant aux
lois.

Avis *du conseil d'état sur les formalités à observer pour
la célébration du mariage des militaires résidant sur
le territoire du royaume*, du 4ᵉ jour complémentaire
an XIII (21 septembre 1805).

Le conseil d'état, qui a entendu le rapport de
la section de législation sur celui du grand-juge
ministre de la justice, tendant à faire décider si
les militaires ne peuvent contracter mariage que
devant l'officier de l'état civil du domicile de
l'un des époux, et si ce domicile doit être acquis,
pour le militaire, par six mois d'habitation dans
le lieu où le mariage sera célébré ;

Considérant que l'article 165 du Code civil
porte que le mariage sera célébré par l'officier
civil du domicile de l'une des parties ; que ce
domicile, aux termes de l'article 74, est acquis
par six mois d'habitation continue dans la même
commune ; que les articles 94 et 95 du Code
civil ne concernent que les militaires hors du
territoire du royaume ; qu'il n'y a nulle exception en faveur des militaires en activité de service dans l'intérieur ;

Est d'avis que les militaires, lorsqu'ils se trouvent sur le territoire du royaume, ne peuvent

contracter mariage que devant les officiers de l'état civil des communes où ils ont résidé sans interruption pendant six mois, ou devant l'officier de l'état civil de la commune où leurs futures épouses ont acquis le domicile fixé par l'article 74 du Code civil, et après avoir rempli les formalités prescrites par les articles 166, 167 et 168.

———

Décret concernant le mode de rédaction de l'acte par lequel l'officier de l'état civil constate qu'il lui a été présenté un enfant sans vie, du 4 juillet 1806.

Art. 1er. Lorsque le cadavre d'un enfant dont la naissance n'a pas été enregistrée, sera présenté à l'officier de l'état civil, cet officier n'exprimera pas qu'un tel enfant est décédé, mais seulement qu'il lui a été présenté sans vie. Il recevra de plus la déclaration des témoins, touchant les noms, prénoms, qualités et demeures des père et mère de l'enfant et la désignation des an, jour et heure auxquels l'enfant est sorti du sein de sa mère.

2. Cet acte sera inscrit à sa date sur les registres des décédés, sans qu'il en résulte aucun préjugé sur la question de savoir si l'enfant a eu vie ou non.

———

Avis du conseil d'état sur les extraits des registres de l'état civil délivrés par des employés des mairies, qualifiés de secrétaires, du 2 juillet 1807.

Le conseil d'état, qui a pris connaissance d'un rapport fait par le ministre de l'intérieur, et par lequel ce ministre demande que le conseil d'état prononce sur la validité des extraits des registres de l'état civil et des actes de mairie délivrés et certifiés par des employés des mairies, qualifiés de *secrétaires;*

Considérant, 1°. que la loi du 28 pluviôse an VIII, n'a point recréé les secrétaires des administrations municipales supprimées, ni donné de signature publique à aucun des employés des mairies actuelles, et que conséquemment ces employés ne peuvent rendre authentiques aucun acte, aucune expédition, aucun extrait des actes des autorités, parce qu'il est de principe, que personne n'a de caractère public qu'autant que la loi le lui a conféré ;

2°. Que néanmoins, et depuis la loi du 28 pluviôse, il a été délivré un grand nombre d'extraits des registres de l'état civil, sous le certificat et la signature d'employés qui se qualifient de *secrétaires* ou de *secrétaires généraux* de mairie ; que plusieurs de ces actes ont été reçus en justice et ont servi de base ou de pièces justificatives à des jugemens, ou à des procédures non terminées, qui seraient dans le cas d'être recommencées, si ces extraits n'étaient pas admis comme authentiques ;

3°. Que ces extraits ont été délivrés par ces employés et reçus par les parties avec bonne foi de part et d'autre ; de la part des employés, qui ont pu conclure de quelques actes du gouvernement qu'on leur reconnaissait un caractère public ; de la part des parties, qui pouvaient d'autant moins reconnaître l'erreur commune, que la très-grande majorité de ces extraits ont été légalisés, soit par les présidens des tribunaux de première instance depuis la loi du 20 ventôse an XI, soit antérieurement par les préfets des départemens ou les autres fonctionnaires qui les remplaçaient en cas d'absence ou d'empêchement ;

4°. Et qu'enfin de tout temps, et dans toutes les législations, l'erreur commune et la bonne foi ont suffit pour couvrir, dans les actes et même dans les jugemens, des irrégularités que les parties n'avaient pu ni prévoir ni empêcher; est d'avis,

1°. Que tous les extraits des registres des actes de l'état civil délivrés depuis la loi du 28 pluviôse an VIII, sous le certificat et la signature des employés dit *secrétaires* ou *secrétaires-généraux* de mairie, jusqu'au jour de la publication du présent avis, doivent être considérés comme authentiques, si cette signature a été, avant cette dernière époque, légalisée soit par les maires et les préfets de département avant la loi du 20 ventôse an XI, soit depuis par les présidens des tribunaux de première instance, ou par les fonctionnaires publics qui remplissaient momentanément les fonctions des uns et des autres, sauf les inscriptions en faux en cas de droit;

2°. Que le ministre de l'intérieur doit rappeler de nouveau, par une instruction, que les employés des mairies qui se qualifient de *secrétaires* et de *secrétaires-généraux*, n'ont point de caractère public; qu'ils ne peuvent rendre authentiques aucun acte, aucune expédition, ni aucun extrait des actes des autorités; que notamment les extraits des actes de l'état civil ne peuvent être délivrés que par le fonctionnaire public dépositaire des registres;

3°. Et qu'en général, et pour prévenir toute équivoque à l'avenir, le ministre doit rappeler aux maires que, dans les actes où l'administrateur est le seul responsable, sa signature seule est nécessaire, et qu'il ne doit point y en être apposé d'autres.

DÉCRET *concernant les droits à percevoir par les officiers de l'état civil*, du 12 juillet 1807.

Art. 1er. Conformément aux lois des 20 septembre et 21 décembre 1792 et du 3 ventôse an III, il continuera à être perçu par les officiers de l'état civil,

Pour chaque expédition d'un acte de naissance, de décès, ou de publication de mariage, trente centimes, ci...................... 0 f. 30 c.

Plus, pour le remboursement du droit de timbre, et le dixième en sus pour la taxe de guerre, quatre-vingt-trois centimes, ci........................... 0   83
____
1   13

Pour celles des actes de mariage, d'adoption et de divorce, soixante centimes, ci............................... 0   60

Plus, pour le droit de timbre et la taxe de guerre, quatre-vingt-trois centimes, ci.. 0   83
____
1   43

2. Dans les villes de cinquante mille âmes et au-dessus pour chaque expédition d'acte de naissance, de décès et de mariage, cinquante centimes, ci...... 0   50

Plus, pour le droit de timbre et la taxe de guerre, quatre-vingt-trois centimes, ci........................... 0   83
____
1   33

Pour celles des actes de mariage, d'adoption et de divorce, un franc, ci.... 1 f. 00 c.

Plus, pour le droit de timbre et la taxe de guerre, quatre-vingt-trois centimes, ci........................ 0   83

                                        1   83

3. A Paris, pour chaque expédition d'acte de naissance, de décès et de publication de mariage, soixante-quinze centimes, ci........................ 0   75

Plus, pour le droit de timbre et la taxe de guerre, quatre-vingt-trois centimes, ci........................ 0   83

                                          1   58

Pour celles des actes de mariage, de divorce et d'adoption, un franc cinquante centimes, ci................. 1   50

Plus, pour le droit de timbre et la taxe de guerre, quatre-vingt-trois centimes, ci........................ 0   83

                                          2   33

4. Il est défendu d'exiger d'autres taxes et droits, à peine de concussion ;

Il n'est rien dû pour la confection desdits actes et leur inscription dans les registres ;

5. Le présent décret sera constamment affiché en placard et en gros caractères, dans chacun des bureaux ou lieux où les déclarations relatives à l'état civil sont reçues, et dans tous les dépôts des registres.

Décret *concernant les tables alphabétiques des actes de l'état civil*, du 20 juillet 1807.

Art. 1er. Les tables alphabétiques des actes de l'état civil continueront à être faites annuellement, et refondues tous les dix ans pour n'en faire qu'une seule par commune, à compter du dernier jour complémentaire an X (21 septembre 1802) jusqu'au 1er janvier 1813, et ainsi successivement de dix en dix ans.

2. Les tables annuelles seront faites par les officiers de l'état civil, dans le mois qui suivra la clôture du registre de l'année précédente : elles seront annexées à chacun des doubles registres; et à cet effet, nos procureurs royaux veilleront à ce qu'une double expédition soit adressée par les maires au greffe du tribunal, dans les trois mois du délai.

3. Les tables décennales seront faites dans les six premiers mois de la onzième année, par les greffiers des tribunaux de première instance.

4. Les tables annuelles et décennales seront faites sur papier timbré, et certifiées par les dépositaires respectifs.

5. Les tables décennales seront faites en triple expédition pour chaque commune : l'une restera au greffe ; la seconde sera adressée au préfet du département, et la troisième à chaque mairie du ressort du tribunal.

6. Les expéditions faites pour la préfecture seront payées aux greffiers des tribunaux sur les fonds destinés aux dépenses administratives du département, à raison d'un centime par nom, non compris le prix du timbre. Chaque feuille contiendra quatre-vingt-seize noms ou lignes.

7. Les expéditions destinées aux communes

seront payées par chacune d'elles, èt seront conformes aux autres.

8. Pour l'expédition de celle qui doit rester au tribunal, il ne sera remboursé au greffier, à titre de frais judiciaires, que le prix du papier timbré.

9. La table décennale sera faite dans la forme qui suit :

DÉPARTEMENT
d

ARRONDISSEMENT
d

COMMUNE
d

An 1823 à l'an 1833.

TABLE *décennale des actes de mariage de la commune d du 1er janvier 1823 au 1er janvier 1833, dressée en exécution du décret du 20 juillet 1807.*

NOMS ET PRÉNOMS des MARIÉS.	DATES DES ACTES ou DES REGISTRES.
AUBERT (Claude), marié à Françoise CHALAIS.	Le 2 vendémiaire an XI ou le 3 janvier 1806, etc.

10. Il sera fait des tables distinctives, mais à la suite des unes des autres, des actes de naissance, de mariage, de divorce et de décès, soit annuelles, soit décennales.

AVIS *du conseil d'état sur le mode de transcription des jugemens portant rectification d'actes de l'état civil, et de délivrance des actes rectifiés,* du 4 mars 1808.

Le conseil d'état, qui, a entendu le rapport de la section de législation sur celui du grand-juge ministre de la justice, tendant à faire statuer sur la difficulté qui existe à Paris, entre

l'autorité administrative et l'autorité judiciaire,
relativement au mode de transcription sur le
registre de l'état civil des jugemens de rectification, et à la délivrance des actes rectifiés ;

Considérant qu'aux termes de l'article 101 du
Code civil, les jugemens de rectification des actes
de l'état civil doivent être inscrits sur les registres, aussitôt qu'ils ont été remis à l'officier de
l'état civil, et que mention en doit être faite en
marge de l'acte réformé;

Que le greffier du tribunal de première instance, d'un côté, et de l'autre les maires de Paris
et le préposé au dépôt des registres qui existent
à la préfecture, suivent un mode différent dans
l'exécution de cet article;

Que le greffier, après avoir, conformément à
la disposition du Code, fait mention de la rectification en marge de l'acte réformé, le délivre
aux parties avec la mention expresse de sa rectification;

Qu'au contraire les maires et le préposé au dépôt de la préfecture se bornent à indiquer la date
du jugement de rectification en marge de l'acte
réformé et délivrent cet acte dans son état pri-
mitif, en sorte que les parties ne sont point dispensées de lever une expédition du jugement de
rectification : .

Que le mode adopté par le greffier du tribunal
de première instance, est incontestablement plus
expéditif et plus économique;

Est d'avis que les maires de Paris et le préposé
au dépôt de la préfecture doivent se conformer,
dans les transcriptions sur leurs registres, des
jugemens de rectification des actes de l'état civil,
et dans la délivrance des actes rectifiés, à la mé-
thode adoptée par le greffier du tribunal de pre-

mière instance du département de la Seine ;

Que le procureur du Roi près le tribunal de première instance doit veiller, conformément à l'article 49 du Code civil, à ce que la mention de la rectification soit faite uniformément sur les deux registres.

———

Avis *du conseil d'état sur les cas dans lesquels la rectification des registres de l'état civil par les tribunaux n'est pas nécessaire,* du 30 mars 1808.

Le conseil d'état, qui, d'après le renvoi ordonné par Sa Majesté, a entendu le rapport de la section de législation sur celui du grand-juge ministre de la justice, tendant à prévenir les inconvéniens qui résultent, pour les personnes qui veulent se marier, de l'obligation de faire rectifier par les tribunaux les actes qu'elles sont obligées de produire dans plusieurs occasions où cependant la rectification sur les registres n'est pas nécessaire ;

Considérant que, s'il est important de ne procéder à la rectification des registres de l'état civil que par l'autorité de la justice ; et en vertu de jugemens rendus à cet effet, il n'est pas moins convenable de ne pas jeter les citoyens dans les frais d'une rectification sur les registres, lorsqu'elle n'est pas absolument nécessaire,

Est d'avis que dans le cas où le nom d'un des futurs ne serait pas orthographié dans son acte de naissance comme celui de son père, et dans celui où l'on aurait omis quelqu'un des prénoms de ses parens, le témoignage des pères et mères ou aïeux assistant au mariage et attestant l'identité, doit suffire pour procéder à la célébration du mariage ;

Qu'il doit en être de même dans le cas d'absence des pères et mères ou aïeux s'ils attestent l'identité dans leur consentement donné en la forme légale ;

Qu'en cas de décès des pères, mères, ou aïeux, l'identité est valablement attestée, pour les mineurs, par le conseil de famille ou par le tuteur *ad hoc*; et pour les majeurs, par les quatre témoins de l'acte de mariage ;

Qu'enfin, dans le cas où les omissions d'une lettre ou d'un prénom se trouvent dans l'acte de décès des pères, mères, ou aïeux, la déclaration à serment des personnes dont le consentement est nécessaire pour les mineurs, et celle des parties des témoins pour les majeurs, doivent aussi être suffisantes, sans qu'il soit nécessaire, dans tous ces cas, de toucher aux registres de l'état civil, qui ne peuvent jamais être rectifiés qu'en vertu d'un jugement.

Les formalités susdites ne sont exigibles que lors de l'acte de célébration, et non pour les publications qui doivent toujours être faites conformément aux notes remises par les parties aux officiers de l'état civil.

En aucun cas, conformément à l'article 100 du Code civil, les déclarations faites par les parens ou témoins ne peuvent nuire aux parties qui ne les ont point requises et qui n'y ont point concouru.

———

DÉLIBÉRATION *du conseil d'état sur le mariage du grand oncle avec sa petite nièce*, du 7 mai 1808.

Le mariage entre un grand oncle et sa petite nièce ne peut avoir lieu qu'en conséquence de dispenses accordées conformément à ce qui est prescrit par l'article 164 du Code civil.

DÉCRET *concernant le mariage des militaires en activité de service*, du 16 juin 1808.

Art. 1er. Les officiers de tout genre, en activité de service, ne pourront à l'avenir se marier qu'après en avoir obtenu la permission par écrit du ministre de la guerre.

Ceux d'entr'eux qui auront contracté mariage sans cette permission, encourront la destitution et la perte de leurs droits, tant pour eux que pour leurs veuves et leurs enfans, à toute pension ou récompense militaire.

2. Les sous-officiers et soldats en activité de service, ne pourront de même se marier qu'après en avoir obtenu la permission du conseil d'administration de leur corps.

3. Tout officier de l'état civil qui sciemment aura célébré le mariage d'un officier, sous-officier ou soldat en activité de service, sans s'être fait remettre lesdites permissions, ou qui aura négligé de les joindre à l'acte de célébration du mariage, sera destitué de ses fonctions.

———

DÉCRET *qui applique aux officiers de marine, etc., les dispositions du décret du 16 juin 1808, relatif au mariage des militaires en activité de service*, du 3 août 1808.

Art. 1er. Les dispositions de notre décret du 16 juin 1808, relatif au mariage des militaires en activité de service, sont applicables aux officiers et aspirans de notre marine royale, aux officiers des troupes d'artillerie de la marine, aux officiers du génie maritime, aux administrateurs de la marine, et enfin à tout officier militaire et civil du département de la marine nommé par nous.

En conséquence, nul desdits officiers ne pourra désormais se marier sans en avoir obtenu la permission par écrit de notre ministre de la marine.

2. Nous autorisons toutefois les capitaines généraux de nos colonies et les chefs coloniaux à consentir au mariage des officiers qui leur sont respectivement subordonnés, si les circonstances ne permettaient pas d'attendre la permission de notre ministre, à la charge par eux de lui en rendre compte par la plus prochaine occasion.

3. Les sous-officiers et soldats des troupes appartenant au département de la marine ne pourront de même se marier qu'après en avoir obtenu la permission du conseil d'administration de leur corps.

Extrait du Décret *du 3 janvier* 1813.

Art. 18. Il est expressément prescrit aux maires et autres officiers de police de se faire représenter les corps des ouvriers qui auraient péri par accident dans une exploitation, et de ne permettre leur inhumation qu'après que le procès-verbal de l'accident aura été dressé, conformément à l'article 81 du Code civil, et sous les peines portées dans les articles 358 et 359 du Code pénal.

19. Lorsqu'il y aura impossibilité de parvenir jusqu'au lieu où se trouvent les corps des ouvriers qui auront péri dans les travaux, les exploitans, directeurs et autres ayant cause seront tenus de faire constater cette circonstance par le maire ou autre officier public, qui en dressera procès-verbal et le transmettra au procureur du Roi, à la diligence duquel, et sur l'autorisation du tribunal, cet acte sera annexé au registre de l'état civil.

Décret *relatif au timbre des certificats que les officiers de l'état civil délivrent aux parties, pour justifier de leur mariage civil aux ministres des cultes*, du 9 décembre 1810.

Sur le rapport de notre ministre des finances, relatif aux certificats à délivrer par les officiers de l'état civil, pour justifier aux ministres des cultes de l'accomplissement préalable des formalités civiles, avant qu'il soit procédé à la célébration religieuse des mariages, et tendant à faire décider si ces certificats doivent être sur papier timbré,

Vu l'article 12 de la loi du 13 brumaire an VII sur le timbre, ainsi conçu :

« Sont assujétis au droit du timbre, établi » en raison de la dimension, tous les papiers à » employer pour les actes et écritures soit pu- » blics, soit privés ; savoir : les actes des auto- » rités constituées administratives, qui sont as- » sujétis à l'enregistrement, ou qui se délivrent » aux citoyens ; et toutes les expéditions et ex- » traits des actes, arrêtés et délibérations des- » dites autorités qui sont délivrés aux citoyens ; » et généralement tous actes et écritures, ex- » traits, copies et expéditions soit publics, soit » privés, devant ou pouvant faire titre, ou être » produits pour obligation, décharge, justifica- » tion, demande ou défense. »

Vu l'article 54 de la loi du 18 germinal an X, organique du concordat, portant ce qui suit :

« Les ministres des cultes ne donneront la » bénédiction nuptiale qu'à ceux qui justifie- » ront, en bonne et due forme, avoir contracté » mariage devant l'officier civil ; »

Notre conseil d'état entendu,

Nous avons décrété et décrétons ce qui suit :

Art. 1er. Les certificats que les officiers de l'état civil délivrent aux parties, pour justifier aux ministres des cultes de l'accomplissement préalable des formalités civiles avant d'être admises à la célébration religieuse de leur mariage, seront assujétis au timbre de vingt-cinq centimes.

ORDONNANCE *du Roi sur la recomposition des registres de l'état civil de l'arrondissement et de la ville de Soissons,* du 9 janvier 1815.

Louis, par la grâce de Dieu, etc.

Sur ce qui nous a été exposé que par suite des derniers événemens de la guerre, les registres de l'état civil pour la ville et partie de l'arrondissement de Soissons, ont été perdus ou détruits, et que les autorités locales demandent qu'il soit pris des mesures pour y suppléer,

Nous nous sommes fait représenter les lois existantes sur cette matière, et notamment les articles 46, 53, 54, 99, 100 et 101 du Code civil.

Nous avons reconnu que, conformément aux anciens principes, les rectifications ou omissions, ainsi que toutes les questions qui concernent l'état des personnes, ne peuvent être décidées que par l'autorité de la justice ;

Mais, dans les circonstances extraordinaires où se trouvent les habitans de l'arrondissement de Soissons, il est de l'intérêt de la société de prendre des moyens qui, sans déroger aux dispositions du Code civil, conservent des renseignemens utiles pour constater l'état des familles.

Voulant réparer, autant qu'il est en notre pouvoir, les pertes qu'éprouvent nos sujets de la ville et arrondissement de Soissons, sans nuire aux intérêts des tiers, et par des mesures en harmonie avec les dispositions du Code civil;

Sur le rapport de notre amé et féal chevalier, chancelier de France, et notre conseil d'état entendu,

Nous avons ordonné et ordonnons ce qui suit:

Art. 1er. Les registres de l'état civil qui avaient été déposés au greffe du tribunal de première instance de Soissons, et qui se trouvent aujourd'hui perdus ou détruits, seront remplacés de la manière prescrite par l'article suivant.

2. Lorsque les doubles desdits registres auront été conservés dans les communes de l'arrondissement, il en sera fait, à la diligence des maires, des expéditions: ces expéditions, signées par le maire, seront portées au greffe du tribunal de première instance de Soissons pour être collationnées par notre procureur près ce tribunal, sur les originaux qui lui seront apportés à cet effet; il dressera procès-verbal sommaire de la vérification, conformément à l'article 53 du Code civil. L'expédition ainsi collationnée sera déposée au greffe du tribunal.

3. Dans le cas où les deux originaux des registres auraient été perdus ou détruits, il sera nommé par notre chancelier une commission composée du maire de la commune, de deux notaires, de deux hommes de loi et d'un secrétaire-greffier.

4. Cette commission correspondra avec notre procureur près le tribunal de première instance; elle en recevra les instructions dont elle aura besoin, et lui rendra compte, tous les huit jours, des progrès de son travail.

A la fin de chaque mois, notre procureur rendra le même compte à notre chancelier, qui pourra, s'il le juge nécessaire, envoyer sur les lieux un maître des requêtes pour surveiller et activer les opérations des commissaires. Dans ce cas, le maître des requêtes présidera la commission.

5. Elle sera chargée de dresser en double des registres conservatoires de l'état civil, pour les naissances, les mariages, les divorces et les décès.

6. Ces registres contiendront, avec toute l'exactitude possible, les dates des naissances, mariages, divorces et décès, les prénoms, noms, surnoms et professions des individus et de leurs pères et mères : le tout conformément à l'article 34 du Code civil.

7. Les commissaires formeront ces registres, soit d'après les renseignemens que leur fourniront les papiers de famille et registres des paroisses, soit d'après les documens qu'ils recueilleront dans tous les dépôts publics, soit d'après les déclarations des ascendans des époux, des frères et sœurs, soit enfin d'après celles des autres parens ou des anciens de la commune.

Les déclarations seront signées par les déclarans : s'ils ne savent ou ne peuvent signer, il en sera fait mention expresse.

8. Lorsque les registres seront terminés et signés de tous les membres de la commission, ils seront envoyés à notre procureur près notre tribunal de première instance, qui les vérifiera et dressera procès-verbal de sa vérification conformément à l'article 53 du Code civil.

Un des deux doubles sera déposé au greffe du tribunal de première instance de Soissons;

L'autre double sera déposé aux archives de la commune dont les registres ont été détruits.

9. Ces registres, ainsi déposés, tiendront lieu

des registres perdus ou détruits, toutes les fois qu'un acte ne sera pas contesté : dans le cas contraire, les réclamations seront portées devant les tribunaux pour y être instruites et jugées, conformément aux articles 46, 99, 100 et 101 du Code civil.

10. Tous actes faits en vertu de la présente ordonnance seront écrits sur papier libre, visés gratis et enregistrés de même.

11. Tous les autres frais auxquels les opérations prescrites par les articles précédens pourront donner lieu, seront pris sur les fonds provenant des centimes additionnels affectés aux non valeurs du département de l'Aisne, d'après l'état qui en sera arrêté en la manière accoutumée.

———

ORDONNANCE *du Roi qui enjoint aux officiers de l'état civil de se procurer, dans le délai fixé, de nouveaux registres de l'état civil, lorsque des cours ou tribunaux auront ordonné, pour l'instruction des causes, l'apport au greffe des registres courans*, du 18 août 1819.

LOUIS, par la grâce de Dieu, etc.

L'apport des registres courans de l'état civil aux greffes des cours et tribunaux pour l'instruction des causes qui y sont portées, ne permettant pas d'y inscrire les actes à la conservation desquels ils sont consacrés, il est nécessaire, dans ce cas, de pourvoir à leur remplacement, de manière que l'état civil puisse toujours être fidèlement et régulièrement constaté.

A ces causes,

Sur le rapport de notre garde des sceaux, ministre secrétaire d'état au département de la justice,

Notre conseil d'état entendu,

Nous avons ordonné et ordonnons ce qui suit :

Art. 1er. Lorsque des cours ou tribunaux auront ordonné l'apport au greffe des registres courans de l'état civil, les officiers de l'état civil, sur la signification qui leur en sera faite, se procureront, dans la quinzaine au plus tard, de nouveaux registres.

2. Aussitôt qu'ils en seront munis, ils cloront et arrêteront les registres dont l'apport aura été ordonné, et ils y mentionneront la cause pour laquelle ils sont clos avant la fin de l'année.

3. Les cours et tribunaux comprendront les frais des nouveaux registres dans la liquidation des frais et dépens auxquels doit être condamnée la partie qui succombe.

4. En cas d'insolvabilité du condamné, la dépense faite pour ces nouveaux registres sera remboursée par la régie du domaine et de l'enregistrement.

5. Notre garde des sceaux, ministre secrétaire d'état au département de la justice, et nos ministre secrétaire d'état de l'intérieur et des finances, sont chargés, chacun en ce qui le concerne, de l'exécution de la présente ordonnance.

ORDONNANCE *du Roi portant règlement sur la vérification des registres de l'état civil*, du 26 novembre 1823.

Louis, par la grâce de Dieu, etc.

Ayant reconnu que, pour prévenir les irrégularités qui pourraient être commises dans les actes de l'état civil, il serait utile de soumettre à des règles fixes la vérification prescrite par l'article 53 du Code, et d'établir un mode uniforme de rédaction pour les procès-verbaux qui doivent la constater ;

Vu les articles 43, 44, 5o, 53 et 63 du Code civil, et l'article 2 du règlement du 20 juillet 1807 ;

Sur le rapport de notre garde des sceaux, ministre et secrétaire d'état au département de la justice ;

Notre conseil d'état entendu ,

Nous avons ordonné et ordonnons ce qui suit :

Art. 1er. La vérification des registres de l'état civil, prescrit par l'article 53 du Code, sera faite par nos procureurs près les tribunaux de première instance , dans les quatre premiers mois de chaque année.

Le procès-verbal destiné à constater cette vérification sera rédigé conformément au modèle annexé à la présente ordonnance.

Ce procès-verbal sera divisé par cantons, et subdivisé par communes et par nature de registres.

Il désignera les actes défectueux par le numéro correspondant du registre dont ils feront partie, et indiquera les contraventions en énonçant les articles du Code civil dont les dispositions auront été violées.

2. Les procès-verbaux de vérification seront adressés, dans la première quinzaine du mois de mai, à nos procureurs généraux, qui les transmettront, avec leurs observations, à notre garde des sceaux , dans la première quinzaine du mois suivant.

3. Aussitôt que cette vérification aura été terminée, nos procureurs adresseront aux officiers de l'état civil de leur arrondissement, des instructions sur les contraventions qui auront été commises dans les actes de l'année précédente, et sur les moyens de les éviter.

Ils enverront copie de ces instructions à nos procureurs généraux.

4. Afin que la vérification puisse être achevée dans le délai ci-dessus fixé, nos procureurs près les tribunaux de première instance veilleront à ce que les registres soient déposés au greffe dans le mois de janvier de chaque année, conformément aux articles 43, 44 et 63 du Code civil. Ils avertiront, et, en cas de retard, ils poursuivront devant le tribunal, les maires qui n'auraient pas déposé les registres de leur commune.

Ils apporteront le même soin pour le dépôt de la table alphabétique annuelle des actes, prescrite par l'article 2 du règlement du 20 juillet 1807.

5. Nos procureurs pourront, lorsqu'ils le jugeront nécessaire, se transporter sur les lieux et vérifier les registres de l'année courante.

Ils pourront, dans le même cas, déléguer le juge de paix du canton dans lequel sera située la commune dont les registres devront être vérifiés.

———

CIRCULAIRE *de sa grandeur le garde des sceaux, à MM. les procureurs généraux près les cours royales, sur l'exécution de l'ordonnance du 26 novembre 1823, relative à la vérification des registres de l'état civil,* du 31 décembre 1823.

Monsieur le procureur général, l'article 53 du Code civil, en imposant aux procureurs du Roi près les tribunaux de première instance, l'obligation de vérifier annuellement les registres de l'état civil, n'avait ni déterminé le mode suivant lequel cette vérification devait être faite, ni fixé le délai dans lequel elle devait être terminée; il était donc important de remplir cette lacune, pour mieux atteindre le but de cette vérification, et de soumettre celle-ci à des règles uniformes, afin de mettre plus facilement un terme aux inconvéniens que produit chaque jour la négligence d'un grand nombre de maires. C'est à quoi l'ordonnance du 26 novembre dernier a voulu pourvoir.

Désormais, cette vérification devra être faite dans les quatre premiers mois de chaque année, et le procès-verbal destiné à la constater, sera rédigé par-tout sur un même modèle. Les procureurs du Roi et leurs substituts se conformeront à celui qui est annexé à l'ordonnance.

Ils indiqueront d'abord la cour royale du ressort, le département et l'arrondissement, le canton et la commune dont ils vérifieront les registres ; ils feront connaître si la vérification est annuelle ou accidentelle, et la nature du registre, lorsque chaque espèce d'actes aura le sien. Ils constateront ensuite les *contraventions matérielles à la tenue des registres,* et ces contraventions sont faciles à reconnaître : les registres doivent être reliés, timbrés, cotés et paraphés, et les maires seraient inexcusables si cette formalité n'était pas remplie, puisque les registres leur sont envoyés à la fin de chaque année par les préfectures, et qu'on leur en délivre de nouveaux, ou du moins des feuilles additionnelles qu'on ajoute aux registres, en cas d'insuffisance de ceux-ci.

Ils signaleront les contraventions générales et spéciales à la rédaction des actes, en désignant les actes défectueux par le numéro correspondant du registre dont ils feront partie, et par l'indication des articles du Code civil dont les dispositions auraient été violées. Ce procédé remplira bien mieux l'objet du procès-verbal, que des locutions vagues, telles que *souvent, quelques-*

uns, plusieurs, etc., qui n'ont pas la précision qu'il exige. Le modèle présente d'ailleurs le détail des principales contraventions, et fait connaître l'ordre dans lequel il serait utile de les constater. Je ne doute pas qu'en s'y conformant, on ne parvienne à l'exactitude nécessaire pour donner une idée complète de l'état des registres.

Si les registres et tous les actes qu'ils contiennent sont bien tenus et réguliers, on l'énoncera par ces mots : *point de contraventions.*

Lorsque les officiers de l'état civil ne porteront pas de naissances, de mariages ou de décès sur leurs registres, les procureurs du Roi devront énoncer si ces officiers ont négligé d'en tenir ou d'en déposer une partie : ou bien, s'ils veulent exprimer qu'il n'y a point eu de naissances, qu'il n'a été célébré aucun mariage, ou qu'on n'a eu à regretter la mort d'aucun habitant, ce fait est tellement extraordinaire, qu'ils ne pourront se dispenser d'indiquer quelles mesures ils ont prises, indépendamment de l'inspection des registres, pour s'assurer de sa réalité.

Ils veilleront d'une manière toute spéciale à ce que les registres et les tables alphabétiques annuels soient déposés au greffe, par la voie administrative et sans frais pour le greffier, dans le mois de janvier de chaque année. En cas de retard, ils devront rappeler aux maires l'obligation où ils sont de faire ce dépôt, et leur accorder (circulaire du 20 avril 1820), s'il y a nécessité, un nouveau délai, mais qui ne pourra jamais excéder deux mois. A l'expiration de ce délai, ils poursuivront les retardataires devant le tribunal de première instance, conformément à l'article 50 du Code civil, sans être obligés, dans ce cas, de recourir à l'autorisation prescrite par une circulaire du 10 septembre 1806.

C'est de l'exactitude des maires à effectuer le dépôt de leurs registres dans le délai prescrit que dépendra la possibilité de faire la vérification pour l'époque indiquée. Il convient donc que, dès le commencement de l'année, MM. les procureurs du Roi adressent aux maires et aux juges de paix des invitations, et qu'ils se concertent avec MM. les préfets et sous-préfets, pour que le dépôt des registres soit effectué dans le moindre délai possible.

Je ne me dissimule pas que la vérification détaillée et soignée des registres de l'état civil entraînera un surcroît de travail dans les lieux où il n'était pas d'usage de la faire avec scrupule. Je ne pourrai, toutefois, tolérer de négligence sur ce point. Le zèle et la bonne volonté trouveront dans la répartition du travail entre tous les officiers du parquet et les juges auditeurs, s'il y en a, comme aussi dans le bon emploi du temps, des ressources suffisantes pour remplir cette tâche aussi utile qu'elle est indispensable. Cette tâche s'allégera, d'ailleurs, par l'habitude et par les améliorations que l'on est en droit d'attendre de la mesure adoptée.

Les procès-verbaux de vérification seront adressés par les procureurs du Roi, dans la première quinzaine du mois de mai, aux procureurs généraux, qui me les transmettront avec leurs observations, dans la première quinzaine du mois de juin. Ainsi, les procureurs généraux n'auront pas à me faire un simple envoi des procès-verbaux de leurs substituts ; ils devront m'adresser un rapport sur le résultat des vérifications partielles, afin d'éclairer et de faciliter ainsi , en ce qui les concerne , le travail général sur l'état civil.

Les procureurs du Roi adresseront , par suite de leur vérification, des instructions aux maires de leur ressort ; mais ils se borneront à en donner à ceux d'entr'eux qui auront commis des irrégularités. Ces instructions devront être spéciales pour chaque maire, et porter sur les contraventions les plus graves et sur celles qu'ils ont commises le plus fréquemment. Copie en sera envoyée aux procureurs généraux.

Les procureurs du Roi pourront se transporter sur les lieux et vérifier les registres de l'année courante, ou, dans ce cas, déléguer le juge de paix du canton dans lequel sera située la commune dont les registres seront à vérifier. Ils devront faire ou déléguer cette vérification accidentelle, lorsqu'ils sauront que les registres sont habituellement mal tenus, ou que (art. 31 de la déclaration de 1736), par le décès ou la démission d'un maire, il deviendra nécessaire de constater l'état où il les aura laissés et les irrégularités qui s'y trouvent, afin qu'elles soient réparées au plutôt, si elles sont susceptibles de l'être.

Telles sont les règles auxquelles Sa Majesté a jugé à propos d'assujétir la vérification des registres de l'état civil. Elles n'excluent point celles que le zèle et les lumières des officiers du ministère public pourront leur suggérer, pourvu qu'elles ne changent rien à l'uniformité de rédaction que l'ordonnance établit pour les procès-verbaux.

Vous voudrez bien m'accuser la réception de cette circulaire, en transmettre un exemplaire à chacun de vos substituts, leur rappeler que l'époque du dépôt des registres approche, et les inviter à remplir avec exactitude leurs obligations.

Recevez, etc.

Le garde-des-sceaux de France, ministre de la justice,

COMTE de PEYRONNET.

CIRCULAIRE *de sa grandeur le garde des sceaux, à MM. les procureurs généraux sur les formalités à remplir et pièces à produire pour obtenir des dispenses d'âge et de parenté pour mariage*, du 10 mai 1824.

Monsieur le procureur général, les demandes de dispenses d'âges et de parenté me sont adressées fréquemment; elles sont fondées, pour la plupart, sur des motifs qui tiennent à l'intérêt et à la tranquillité des familles, quelquefois même à l'honneur des individus qui les forment.

Toutefois, très-peu de ces demandes sont en état de recevoir une décision lorsqu'elles parviennent dans les bureaux de mon département.

Le ministère public est appelé, par l'article 2 de l'arrêté du 20 prairial an XI (9 juin 1803), à donner son avis et à éclairer le gouvernement sur les faits qui sont exposés, ainsi que sur les causes graves qui sont alléguées à l'appui de ces demandes.

Pour établir une marche uniforme, toujours désirable dans les affaires et sur-tout dans celles de cette nature, et pour en accélérer l'expédition le plus qu'il est possible, j'ai trouvé à propos de vous adresser des instructions relatives aux formalités à observer et aux pièces à produire par les personnes qui désirent obtenir des dispenses d'âge et de parenté.

1°. Dispenses d'âge.

L'article 144 du Code civil déclare que l'homme, avant 18 ans, et la femme, avant 15 ans révolus, ne peuvent contracter mariage.

Toutefois, l'article 145 laisse au Roi la faculté d'accorder des dispenses d'âge pour des motifs graves. Mais d'abord il est de jurisprudence ou d'usage, 1°. de ne jamais arcorder de dispenses aux hommes avant 17 ans accomplis, et aux femmes avant 14 ans accomplis, sauf pour celles-ci le cas où elles seraient devenues grosses avant cet âge ; 2°. de rejeter toute demande de dispenses lorsque l'homme est de quelques années plus jeune que la femme ; en effet, l'âge supérieur de celle-ci autorise à croire qu'il y a séduction de sa part ; l'on ne peut d'ailleurs favoriser des unions disproportionnées.

Du reste la loi n'a point déterminé les causes de dispenses ; elles peuvent dépendre de diverses circonstances dont elle a confié l'examen à la prudence et à l'impartialité des magistrats. Ils doivent donc les apprécier avec une sage sévérité.

La plus grave, sans contredit, est la grossesse de la future.

Mais elle n'est pas la seule qui puisse motiver des dispenses.

Ainsi il pourra, selon les circonstances, y avoir cause de dispenses, si le mariage projeté doit assurer à l'individu dispensé un état et des moyens d'existence (s'il en manque) ; s'il doit mettre ses mœurs à l'abri du danger auquel il serait exposé.

La demande de dispenses d'âge doit être régulièrement présentée et signée par les futurs ; s'il est possible, par les pères et mères ou ascendans dont le consentement est requis pour le mariage, ou par le tuteur *ad hoc* dans le cas de l'article

159 du Code civil ; elle doit être accompagnée de l'avis du conseil de famille dans le cas de l'art. 160 du même Code, et toujours des actes de naissances des futurs dûment légalisés ou des actes de notoriété qui peuvent remplacer ceux-ci, conformément aux articles 70, 71 et 72 du Code civil.

S'il y a grossesse, elle devra être constatée par le rapport d'une personne de l'art assermentée : le rapport sera annexé aux autres pièces.

Tout rapport de ce genre qui laisserait des incertitudes et des doutes sur le fait de la grossesse, et qui n'offrirait que des présomptions vagues, serait considéré comme le résultat d'une complaisance coupable tendant à induire en erreur l'autorité, et ne produirait aucun effet. S'il y a des enfans nés du commerce des parties, les actes de naissances, reconnaissance et décès (s'il y a lieu) de ces enfans devront être produits.

Si l'un des futurs a été engagé dans les liens d'un précédent mariage, il doit justifier qu'il est libre d'en contracter un nouveau, en produisant l'acte de décès de son conjoint.

En me transmettant ces pièces et votre avis motivé, vous me ferez connaître si les parties sont en état d'acquitter les droits de sceau : si leur indigence ne leur permet pas d'y satisfaire, la preuve doit en être rapportée et jointe aux autres pièces, conformément à la circulaire du 16 août 1817, nº 8361, B. 3; j'ajouterai que la remise annoncée par cette circulaire et établie par une ordonnance du 25 juin 1817 pour la délivrance des dispenses d'âge aux indigens, s'étend au droit de sceau, d'enregistrement et de référendaire, et que, par une autre ordonnance du 22 octobre 1820, la faculté d'accorder aux indigens la remise de ces droits s'applique également aux dispenses de parenté.

Vous aurez soin d'indiquer le référendaire qui doit être chargé des intérêts des impétrans ; à défaut de cette indication par les parties, elle sera faite dans mes bureaux.

2°. Dispenses et parenté.

L'article 163 du Code civil prohibe le mariage entre l'oncle et la nièce, la tante et le neveu.

Mais la loi, toujours sage et prévoyante, a reconnu que dans certains cas et pour des motifs déterminés, ces mariages, prohibés en principe, pouvaient être nécessaires ; aussi a-t-elle remis à Sa Majesté le pouvoir de lever la prohibition, lorsqu'il est constaté qu'il y a des causes graves (article 164). Cette faculté a été étendue par le décret du 7 mai 1808, au mariage du grand oncle avec sa petite nièce.

Ce qui a été dit, quant à la forme, touchant les dispenses d'âge, peut s'appliquer également aux demandes de dispenses de parenté pour mariage, en y ajoutant quelques formalités qui sont particulières à celles-ci.

Ainsi, comme les demandes de dispenses d'âge, celles de dispenses de parenté doivent être présentées et signées par les futurs, et accompagnées de leurs actes de naissances revêtus des formes prescrites par l'article 45 du Code civil, il faudra de plus que les parties produisent, à partir de l'auteur commun, les actes de naissances et de mariages indispensables pour établir d'une manière incontestable le degré de parenté entre elles. S'il y a grossesse, elle devra être constatée comme il a été dit ci-dessus.

Aux causes qui ont été indiquées comme pouvant déterminer la concession de dispenses d'âge, on peut ajouter pour les dispenses de parenté, celles qui résulteraient d'affections nées de rapports et de soins naturels et inévitables de famille, de la volonté de mettre fin à des procès réels, à des discussions qui pourraient compromettre les intérêts communs ou isolés des parties.

Ma circulaire du 18 août 1823 vous a averti que ceux qui professent la religion catholique, apostolique et romaine, doivent, avant tout, justifier que des dispenses ecclésiastiques leur ont été accordées pour s'unir en mariage. La déclaration de leur pourvoi en cour de Rome ne suffirait pas pour faire accueillir leur demande.

Les étrangers qui se marient en France sont soumis, comme les sujets du Roi, à la nécessité d'obtenir des dispenses dans les cas déterminés par la loi, quand même celle de leur pays ne leur imposerait pas cette obligation, par la raison que le mariage, étant un contrat du droit des gens, est toujours, quant à la forme, régi par la loi du pays où il se passe. Il n'y a pas de distinction à établir entre le cas d'un mariage contracté entre deux étrangers et celui contracté entre un étranger et un français.

Enfin les lettres-patentes, portant dispenses d'âge ou de parenté, ne doivent pas demeurer déposées au greffe; elles doivent être enregistrées, sur les réquisitions du ministère public, et en vertu d'une ordonnance du président du tribunal, sur un registre *ad hoc*, tenu au greffe; il en est ensuite délivré une expédition pour être annexée à l'acte de célébration de mariage; elles doivent enfin être remises aux impétrans, avec la mention de l'enregistrement sur le revers. (Circulaire du 11 mars 1822, n° 1296, B. 5.)

Vous voudrez bien m'accuser la réception de

cette lettre, et veiller à ce que les instructions qu'elle renferme soient exactement observées, afin que les demandes des dispenses, parvenues au ministère, complètement en état et avec toutes les pièces nécessaires, n'éprouvent désormais aucun retard.

Recevez, etc.

Le garde des sceaux de France, ministre de la justice,

COMTE de PEYRONNET.

FORMULES

DES

ACTES DE L'ÉTAT CIVIL [1].

———

N⁰ Ier. *Déclaration de naissance d'un enfant légitime, faite par le père.*

L'AN   , le   du mois de
        , à   heure du   , pardevant nous
(*énoncer la qualité du fonctionnaire public, s'il est maire ou adjoint du maire, ou s'il les remplace*), officier de l'état civil de la commune d   ,
canton d   , arrondissement
d   , département d   ,
est comparu N. (*mettre les nom, prénoms, âge, profession et domicile du déclarant*), lequel nous a présenté un enfant du sexe (masculin *ou* féminin), né (*indiquer le jour et l'heure*) de lui déclarant et de (*prénoms et nom de la femme*), son épouse, et auquel il a déclaré vouloir donner les prénoms de   :
lesdites déclaration et présentation faites en pré-

———

(1) Les dix-neuf premières formules ont été, ainsi que nous l'avons dit n⁰ 96, adressées par le ministre de l'intérieur aux préfets, le 25 fructidor an XII : nous avons ajouté les autres.

11

sence de (*prénoms, nom, âge, profession, domicile du premier témoin*) et de (*même formalité pour le second témoin*); et ont, les père et témoins, signé avec nous le présent acte de naissance, après qu'il leur en a été fait lecture. (*Si un des comparans ne sait ou ne peut signer, il en sera fait mention.*)

(*Suivent les signatures.*)

N° 2. *Déclaration de naissance d'un enfant légitime, faite par l'accoucheur, ou la sage-femme, ou l'officier de santé, ou la personne chez qui la femme est accouchée; le déclarant connaissant la mère de l'enfant.*

L'AN   , le   du mois de   , à   heure du   , pardevant nous (*énoncer ici la qualité du fonctionnaire public, s'il est maire ou adjoint de maire, ou s'il les remplace*), officier de l'état civil de la commune d   , canton d   , arrondissement d   , département d   , est comparu N. (*mettre les nom, prénoms, profession, domicile du déclarant*), lequel (*ou laquelle*) nous a déclaré que le   du mois d   , an   , heure d   , est né un enfant du sexe (*masculin ou féminin*), en sa maison sise (*désigner le lieu où se trouve la maison*), qu' (*il ou elle*) nous présente, et auquel (*il ou elle*) a déclaré donner les prénoms de   , lequel enfant est né de   (*nom, prénoms, profession, demeure de la mère*), épouse *ou* veuve, *ou* divorcée de (*nom, prénoms, demeure, profession du mari*) : ladite déclaration faite en présence de (*prénoms, nom, âge, profession, domicile du premier témoin*), et de (*même formalité pour le second témoin*) ; et ont, les déclarant et témoins, signé avec nous le présent acte de naissance, après qu'il leur en a été fait lecture. (*Si un des comparans ne sait ou ne peut signer, il en sera fait mention.*)

(*Suivent les signatures.*)

N° 3. *Déclaration de naissance d'un enfant naturel, faite par le père.*

L'AN   , le   du mois d   , à   heure du pardevant nous (*énoncer ici la qualité du fonctionnaire public, s'il est maire ou adjoint de maire, ou s'il les remplace*), officier de l'état civil de la commune d   , canton d arrondissement d   , département d .   , est comparu N. (*mettre les nom, prénoms, âge, profession, demeure*) lequel nous a déclaré que le heure d   , il est né un enfant du sexe (masculin *ou* féminin), qu'il nous présente, et auquel il déclare donner les prénoms d .   , se reconnaissant pour être le père de cet enfant, et l'avoir eu de (*prénoms, nom, demeure, âge de la mère. Si le père déclare les noms de la mère, il en sera fait mention comme ci-dessus ; mais s'il les tait, on ne peut le forcer à les déclarer*), lequel enfant est né en la maison sise (*désigner le lieu*) : les présentes déclaration et présentation faites en présence de (*prénoms, nom, âge, profession, domicile du premier témoin*), et de (*même formalité pour le second témoin*); et ont, les père et témoins, signé avec nous le présent acte de naissance, après qu'il leur en a été fait lecture. (*Si un des comparans ne sait ou ne peut signer, il en sera fait mention.*)

(*Suivent les signatures.*)

N⁰ 4. *Déclaration de naissance d'un enfant naturel, faite par toute autre personne que le père; le nom et l'état de la mère étant connus.*

L'AN   , le   du mois d   , à   heure du   , pardevant nous (*énoncer ici la qualité du fonctionnaire public, s'il est maire ou adjoint de maire, ou s'il les remplace*), officier de l'état civil de la commune d   , canton d   , arrondissement d   , département d   , est comparu N. (*prénoms, nom, âge, profession, demeure du déclarant*), lequel nous a déclaré que le   , heure d   , la dame ou demoiselle (*prénoms, nom, profession, demeure de la mère*) est accouchée dans la maison (*désigner la maison*) d'un enfant du sexe (*masculin ou féminin*), qu' (*il ou elle*) nous présente, et auquel (*il ou elle*) donne les nom et prénoms de   : lesdites déclaration et présentation faites en présence de (*prénoms, nom, âge, profession, domicile du premier témoin*) et de (*même formalité pour le second témoin*); et ont, les déclarant et témoins, signé avec nous le présent acte de   , après qu'il leur en a été fait lecture.

(*Si un des comparans ne sait ou ne peut signer,
il en sera fait mention.*)

                (Suivent les signatures.

No 5. *Déclaration de naissance d'un enfant naturel, faite par un fondé de procuration du père.*

    L'AN   , le   du mois
d   , à   heure du   ,
pardevant nous (*énoncer ici la qualité du fonctionnaire public, s'il est maire ou adjoint de maire,
ou s'il les remplace*), officier de l'état civil de la
commune d   , canton d   ,
arrondissement d   , département d   , est comparu N.
(*mettre les nom, prénoms, âge, profession et domicile du déclarant*), lequel, en vertu de la procuration spéciale et authentique du   ,
passée à   , le   du mois
d   , an   , pardevant   notaire,
à   , enregistrée à   , le
       , de lui paraphée et annexée au pré-
sent registre, nous a déclaré que le   ,
heure de   , il est né en la maison (*désigner la maison*), un enfant naturel du
sexe (masculin *ou* feminin), né de   ,
lequel enfant il nous présente, et auquel il donne
les nom et prénoms de
         : lesdites déclaration et présentation
faites en présence de (*prénoms, nom, âge, profession, domicile du premier témoin*), et de
(*même formalité pour le second témoin*); et ont,
les déclarant et témoins, signé avec nous le présent acte, après que lecture leur en a été faite.
               (Suivent les signatures.)

N° 6. *Déclaration faite au sujet d'un enfant trouvé.*

FORMULE DU PROCÈS-VERBAL.

L'AN   , le
d   , à   heure du   , pardevant
nous (*énoncer ici la qualité du fonctionnaire public, s'il est maire ou adjoint de maire, ou s'il les remplace*), officier de l'état civil de la commune
d   , canton d   ,
arrondissement d   , département
d   , est comparu N. (*prénoms, nom, âge, demeure, profession*), qui nous a déclaré que le   , heure   ,
étant seul *ou* en compagnie de (*désigner les noms, prénoms, etc. de ceux qui étaient présens*), (il *ou* elle) a trouvé dans la rue, *ou* au lieu du (*désigner avec exactitude la rue, la place ou le lieu où a été trouvé l'enfant*), un enfant tel qu' (il *ou* elle) nous le présente emmailloté *ou* vêtu des (*détailler les vêtemens*) et du linge marqué des lettres
(*ou* des chiffres   ). Après avoir visité l'enfant, nous avons reconnu qu'il était du sexe   ,
qu'il paraissait âgé de (*désigner l'âge apparent, vérifier si l'enfant a quelques marques sur le corps, ou s'il se trouve dans ses vêtemens quelque écrit ou marque destinés à le faire reconnaître; dans ce cas, désigner ce qu'on y a trouvé, ou exprimer qu'on n'y a rien trouvé*) : de suite avons inscrit l'enfant sous les nom et prénoms de
et avons ordonné qu'il fût remis à
De quoi avons dressé procès-verbal en présence

de   et de   , qui ont
signé avec nous, après que lecture leur a été faite
du contenu au présent procès-verbal.

(Suivent les signatures.)

Nº 7. *Reconnaissance d'enfant, faite par le père
ou la mère, après l'inscription de l'enfant sur
les registres des actes de l'état civil.*

L'AN   , le   du mois
d   , à   heure du
pardevant nous (*énoncer ici la qualité du fonctionnaire public, s'il est maire ou adjoint de maire,
ou s'il les remplace*), officier de l'état civil de la
commune d   , canton
d   , arrondissement d
département d   , est comparu N.
(*nom, prénoms, âge, profession, domicile*), lequel (*ou* laquelle) nous a déclaré qu' (il *ou* elle)
se reconnaît père (*ou* mère) d'un enfant du sexe
                    qui nous a été présenté (1) le
et que nous avons inscrit sur les registres de l'état
civil, sous les noms de   ;
lequel; il (*ou elle*) a eu avec N. (*nom, prénoms,
âge, profession, demeure. Le déclarant est libre
de ne pas désigner la personne avec laquelle il
a eu l'enfant*) (2); ladite déclaration faite en pré-

----

(1) La reconnaissance peut être faite devant un officier de
l'état civil autre que celui qui a reçu l'acte de naissance
(voyez nº 138): dans ce cas, cette partie de la formule sera
changée et indiquera l'officier public auquel la présentation
aura été faite.

(2) Nous avons établi, nº 140, que la présence des témoins
n'était pas nécessaire; nous croyons qu'il convient, en conséquence, de retrancher ce qui les concerne dans cette formule.

sence de (*prénoms, nom, âge, profession, domicile du premier témoin*), et de (*même formalité
pour le second témoin*); et ont, les déclarant et
témoins, signé avec nous le présent acte, après
qu'il leur en a été fait lecture. (*Si un des comparans ne sait ou ne peut signer, il en sera fait mention.*)

(*Suivent les signatures.*)

N⁰ 8. *Reconnaissance d'enfant faite par le père et
la mère conjointement* (1).

L'AN   , le   du mois d   ,
à   heure du   , pardevant nous,
(*énoncer la qualité du fonctionnaire public, s'il
est maire ou adjoint de maire, ou s'il les remplace*), officier de l'état civil de la commune d
                , canton d
arrondissement d   département
d   , sont comparus N. (*prénoms,
nom, etc.*) et la N. (*prénoms, nom, etc.*),
lesquels ont déclaré qu'ils se reconnaissent père
et mère d'un enfant du sexe   , qui nous
a été présenté le   , et que nous avons
inscrit sur les registres de l'état civil, sous les
noms de   , lequel enfant est né
de   , le   du mois d   ,
l'an   : ladite déclaration faite en
présence de (*prénoms, nom, âge, etc. du premier témoin*), et de (*même formalité pour le second témoin*); et ont, les père, mère et témoins,
signé avec nous le présent acte, après qu'il leur

_____

(1) Les notes sur la formule précédente s'appliquent à
celle-ci.

en a été fait lecture. (*Si un des comparans ne sait ou ne peut signer, il en sera fait mention.*)

(*Suivent les signatures.*)

ACTE D'ADOPTION (1).

Nº 9. *Formules de publication de mariage entre majeurs.*

L'AN   , le   dimanche du mois d   , nous (*la qualité du fonctionnaire*), officier de l'état civil de la commune d   , canton d   , arrondissement d   , département d   , canton et municipalité d   , après nous être transporté devant la principale porte d'entrée de la maison commune, à l'heure de   , avons annoncé et publié, pour la première fois (*si c'est la seconde publication, pour la seconde fois*), qu'il y a promesse de mariage entre (*prénoms, nom, âge, profession, domicile du futur époux*), majeur, fils de (*prénoms, nom, profession du père*) et de (*même formalité pour la mère*). (*S'il est veuf ou divorcé, il sera fait mention de son précédent mariage*), et demoiselle (*prénoms, nom, âge, profession et demeure*), fille majeure, née de (*prénoms, noms, professions des père et mère*) : laquelle publication, lue à haute et intelligible voix, a été de suite affichée à la porte de la maison commune. De quoi avons dressé acte.

(*Suit la signature de l'officier de l'état civil.*)

(1) Voyez la formule nº 20.

II.

N° 10. *Formules de publications pour des mineurs assistés de leurs pères et mères ou de l'un d'eux.*

L'AN   , le   dimanche du mois d   , nous (*qualité du fonctionnaire*) officier de l'état civil de la commune d   , canton d   , arrondissement d   , département d   , après nous être transporté devant la principale porte d'entrée de la maison commune, à l'heure de   , avons annoncé et publié, pour la première fois (*si c'est la seconde publication,* pour la seconde fois *)*, qu'il y a promesse de mariage entre (*prénoms, nom, profession, âge, domicile du futur époux*), mineur, assisté de (*prénoms, nom, âge, domicile, profession*) son père, et de (*même formalité*) sa mère (*s'il n'y a que le père présent, il ne sera fait mention que de lui*(1)*; si le père était décédé, l'officier de l'état civil se fera représenter l'acte de décès, et en fera mention; si le père et la mère sont décédés, et que l'aïeul ou l'aïeule soient encore vivans, il sera fait mention du consentement de ceux-ci; il en sera de même si les époux ne sont assistés que par des tuteurs*); et demoiselle (*nom, prénoms, etc.*), fille de (*mêmes formalités pour les parens de la future épouse*); laquelle publication, lue à haute et intelligible voix, a été de suite affichée à la porte de la maison commune. De quoi avons dressé acte.

(*Suit la signature de l'officier de l'état civil.*)

____

(1) La production des pièces dont il est question dans ce qui suit, ne nous paraît pas nécessaire. Voyez n° 252 et 258.

N° 11. *Formule de l'acte de mariage entre majeurs dont les pères et mères sont consentans ou décédés.*

L'AN   , le   du mois
d   , pardevant nous (*la qualité du fonctionnaire public*), officier de l'état civil de la commune d   , canton
d   , arrondissement
d   , département d   ,
sont comparus N. (*prénoms, nom, âge, lieu de naissance, profession, domicile*), majeur, fils de (*nom, prénoms, profession du père*), ci-présent et consentant (*ou bien*) consentant, ainsi qu'il résulte de sa procuration passée à
le   , devant N., notaire, laquelle sera annexée au présent acte ; (*si le père est mort, mettre :* décédé à   , le   , comme il est constaté par l'acte de décès délivré à   , le   , *ou* par acte de notoriété dressé à   , par le juge de paix, le   , et homologué par le tribunal de première instance, séant à   ), et de dame (*nom, prénoms de la mère. En cas de décès du père, mentionner de la même manière le consentement ou le décès de la mère*); et demoiselle (*nom, prénoms, âge, lieu de naissance, profession, domicile*), fille majeure de N. et N. (*noms, prénoms, etc. du père et de la mère de la femme, avec les énonciations et distinctions indiquées ci-dessus pour les père et mère du mari*); lesquels nous ont requis de procéder à la célébration du mariage projeté entre eux, et dont les publications ont été faites devant

la principale porte de notre maison commune,
savoir : la première, le   du mois
d   , de l'an   , à l'heure
de   , et la seconde, le   du
mois d   , de l'an   , à
l'heure de   . *(S'il a été fait des publications en d'autres lieux que dans la commune où
se celèbre le mariage, il en sera fait mention.)*
Aucune opposition audit mariage ne nous ayant
été signifiée, faisant droit à leur réquisition, après
avoir donné lecture de toutes les pièces ci-dessus
mentionnées, et du chapitre VI du titre du
Code civil, intitulé *du Mariage,* avons demandé
au futur époux et à la future épouse s'ils veulent
se prendre pour mari et femme : chacun d'eux
ayant répondu séparément et affirmativement,
déclarons, au nom de la loi, que N.
et la demoiselle   sont unis par le
mariage. De quoi avons dressé acte en présence
de (*prénoms, nom, âge, domicile du premier témoin*) et de (*même formalité pour le second, le
troisième et le quatrième témoin. Si les témoins
sont parens, il sera fait mention du degré de parenté, et duquel des époux ils sont parens ou alliés*); lesquels, après qu'il leur en a aussi été donné
lecture, l'ont signé avec nous et les parties contractantes.

(Suivent les signatures.)

N° 12. *Formule de célébration pour des mineurs
assistés de leurs pères et mères ou de l'un d'eux.*

L'AN   , le   du mois
d   , pardevant nous (*qualité du fonctionnaire*), officier de l'état civil de la commune

d   , canton d   ,
arrondissement d   , département d   , sont comparus N., fils mineur, assisté de   ,
son père, et de dame   , sa mère, et
demoiselle   fille mineure, assistée
de   , son père, et de
sa mère (*si le père d'un des deux époux est mort
on mettra :* assisté de   ,
sa mère seulement, son père étant décédé, comme
il est constaté par acte de décès délivré à
                  , le   ; ou par acte de notoriété
dressé à   , par le juge de paix de
                  , et homologué par le tribunal de
première instance séant à   );
lesquels nous ont requis de procéder à la célébration du mariage projeté entre eux, et dont les
publications ont été faites devant la principale
porte de notre maison commune; savoir : la première, le   , du mois d
l'an   , à l'heure de   , et la
seconde, le   . (*S'il a été fait des publications dans d'autres lieux que dans la commune
où se cèlèbre le mariage, il en devra être fait
mention.*) Aucune opposition audit mariage ne
nous ayant été signifiée, faisant droit à leur réquisition; après avoir donné lecture de toutes les
pièces ci-dessus mentionnées, et du chapitre VI
du titre du Code civil, intitulé *du Mariage*, avons
demandé au futur époux et à la future épouse s'ils
veulent se prendre pour mari et pour femme :
chacun d'eux ayant répondu séparément et affirmativement, déclarons, au nom de la loi, que N.
et N.   sont unis par le mariage.
De tout ce que dessus, avons dressé acte en pré-

sence de (*prénoms, nom, etc. des quatre témoins.
Si les témoins sont parens, il sera fait mention du
degré de parenté, et duquel des époux ils sont
parens ou alliés*); lesquels, après qu'il leur en a
été aussi donné lecture, l'ont signé avec **nous** et
les parties contractantes.

(Suivent les signatures.)

N° 13. *Formule de célébration de mariage pour
un mineur né de parens inconnus.*

L'an   , le   du mois
d   , devant nous (*qualité du fonctionnaire*), officier de l'état civil de la commune
d   , canton d   , arrondisse-
ment d   , département d   ,
sont comparus N.   , mineur, fils de
parens inconnus, suivant son acte de naissance
inscrit sur le registre de la commune d   ,
le   , accompagné de N.   ,
nommé par jugement du   du mois
d   de l'an   , rendu par le
tribunal de première instance d   ,
département d   , tuteur pour assister
ledit mineur dans la célébration de son mariage,
et N.   , assistée de N.   (*nom,
prénoms, âge, profession, domicile*), son père,
et de N.   (*nom, prénoms*), sa mère;
lesquels nous ont requis de procéder au mariage
projeté entre eux, et dont les publications ont été
faites devant la principale porte de notre maison
commune; savoir : la première, le
du mois d   , l'an   , à l'heure
de   , et la seconde, le

(*S'il a été fait des publications dans d'autres lieux que la commune où se célèbre le mariage, il en devra être fait mention*). Aucune opposition audit mariage ne nous ayant été signifiée, faisant droit à leur réquisition, après avoir donné lecture de toutes les pièces ci-dessus mentionnées, et du chapitre VI du titre du Code civil intitulé, *du Mariage*, avons demandé au futur époux et à la future épouse, s'ils veulent se prendre pour mari et femme : chacun d'eux ayant répondu séparément et affirmativement, déclarons, au nom de la loi, que N.   et N.
sont unis par le mariage.

De tout ce avons dressé acte en présence de (*prénoms, noms, etc., des témoins*), lesquels, après qu'il leur en a aussi été donné lecture, l'ont signé avec nous et les parties contractantes.

(*Suivent les signatures.*)

N° 14. *Formule de célébration de mariage, pour lequel il n'a été fait qu'une publication en vertu d'une dispense.*)

L'an   , le   du mois
d   , devant nous (*la qualité du fonctionnaire*), officier de l'état civil de la commune
d   , canton d   ,
arrondissement d   , département
ment d   , sont comparus
N.   (*prénoms, nom, âge, profession, domicile*), fils de (*nom, prénoms, profession du père*), et de dame (*nom, prénoms de la mère*), et N. (*nom, prénoms, âge, profession, domicile*), fille de   et de (*mettre les énonciations ordinaires comme dans les formules pré-*

dentes), lesquels nous ont requis de procéder à la célébration du mariage projeté entre eux, et dont la première publication a été faite devant la principale porte de notre maison commune, le   du mois de   , l'an
, à l'heure de   , et dont la seconde n'a pas eu lieu, en vertu de la dispense délivrée (1), au nom du Roi, par le procureur du Roi près le tribunal de première instance de l'arrondissement d   ; laquelle dispense nous ayant été présentée, est restée déposée au secrétariat de la commune. Aucune opposition audit mariage ne nous ayant été signifiée, faisant droit à leur réquisition, après avoir donné lecture de toutes les pièces et du chapitre VI du titre du Code civil, intitulé *du Mariage*, avons demandé au futur époux et à la future épouse, s'ils veulent se prendre pour mari et pour femme : chacun d'eux ayant répondu séparément et affirmativement, déclarons, au nom de la loi, que N.   et N.   sont unis par le mariage. De tout ce avons dressé acte, en présence de (*noms, prénoms, âge, domicile des témoins. Si les témoins sont parens, il sera fait mention du degré de parenté, et duquel des époux ils sont parens ou alliés*); lesquels, après qu'il leur en a été aussi donné lecture, l'ont signé avec nous et les parties contractantes.

(Suivent les signatures.)

(1) Voyez n° 261 et la note.

N° 15. *Formule de célébration de mariage pour des majeurs qui ont adressé des actes respectueux à leurs ascendans.*

L'AN   , est comparu N.   ,
fils de   et de dame .   ,
lequel nous ayant exhibé l'acte respectueux fait le
                    du mois d   , an   ,
par   , notaire, adressé à
                    , et le second, fait le   du mois
d   , an   , par   ,
notaire, adressé à (*mettre le nom de l'ascendant,
et s'il est père, aïeul ou bisaïeul*); est aussi comparue N. (*prénoms, nom, âge, lieu de naissance,
domicile de la future épouse*), assistée de
                    et de (*son père, sa mère, ou l'ascendant,
ou le tuteur qui l'assistera ; ou s'il y a eu des actes
respectueux, en faire mention dans les mêmes
termes que de ceux du futur époux*), lesquels
nous ont requis de procéder à la célébration du
mariage projeté entre eux, et dont les publications
ont été faites devant la principale porte de notre
maison commune ; savoir, la première, le
                    , et la seconde, le   . Nulle autre
opposition n'étant survenue audit mariage, nous (*la
qualité du fonctionnaire public*), officier de l'état
civil de la commune de   , vu les actes
respectueux mentionnés ci-dessus, desquels il résulte que les formalités requises par la loi ont été
remplies, et que les délais sont expirés, faisant
droit à ladite réquisition, après avoir donné lecture aux parties contractantes et aux quatre témoins ci-dessous dénommés, des actes ci-dessus

relatés, et du chapitre VI du titre *du Mariage* du Code civil, faisant droit aux réquisitions des parties, déclarons, au nom de la loi, que N.   et N.   sont unis par le mariage. De tout ce avons dressé acte, en présence de (*noms, prénoms, âge, domicile des témoins. Si les témoins sont parens, il sera fait mention du degré de parenté, et duquel des deux époux ils sont parens ou alliés*); lesquels, après qu'il leur en a été aussi donné lecture, ont signé avec nous et les parties contractantes.

(Suivent les signatures.)

N° 16. *Formule d'acte de mariage à la célébration duquel sera survenue quelque opposition dont main-levée aura été obtenue, soit par consentement, soit par jugement.*

L'an   , est comparu N.   , fils de   et de   ; est aussi comparu   , fille de   et de   (*mettre les énonciations ordinaires comme dans les formules précédentes*); et, vu l'opposition à nous signifiée le   , par   , huissier près le tribunal   , au nom de   ou de   (*prénoms, nom, profession, domicile de l'opposant*), par laquelle il (*ou* elle) nous déclare s'opposer à ce qu'il soit procédé à la célébration du mariage de   ; laquelle opposition a été levée par sa déclaration en date du   passée devant   , notaire à   (*ou, si l'opposition a été levée par jugement*, a été levée par jugement du tribunal de   , en date du   , signifiée à nous le   , par huissier); après avoir donné lecture aux parties et aux témoins de toutes les pièces ci-dessus mentionnées, et du chapitre VI du titre du Code civil, intitulé *du Mariage*, avons demandé au futur époux et à la future épouse s'ils veulent se prendre pour mari et pour femme : chacun d'eux ayant répondu séparément et affirmativement, déclarons, au nom de la loi, que N.   et N.   sont unis par le mariage. **De** tout ce avons dressé acte en présence de (*noms, prénoms, âge, domicile des témoins. Si les témoins sont parens, il sera fait mention du degré de parenté, et duquel des époux ils sont parens ou alliés*), lesquels ont signé avec nous et les parties contractantes, après que lecture de tout leur a été faite.

(Suivent les signatures.)

N° 17. *Formule de mariage à la suite duquel est faite la reconnaissance d'enfans nés précédemment.*

L'AN   , le   du mois d   , devant nous (*la qualité du fonctionnaire*), officier de l'état civil de la commune d   , canton d   , arrondissement d   , département d   , sont comparus N. (*prénoms, nom, âge, profession, domicile*), fils de (*nom, prénoms, profession du père*), et de (*nom, prénoms de la mère*), et N. (*nom, prénoms, âge, profession, domicile*), fille de   et de (*mettre les énonciations ordinaires, comme dans les formules précédentes, et selon les espèces auxquelles elles s'appliqueront*);

lesquels nous ont requis de procéder à la célébration du mariage projeté entre eux , et dont les publications ont été faites devant la principale porte
de notre maison commune ; savoir : la première ,
le   du mois d   , de l'an   ,
à l'heure de   et la seconde , le
(*S'il a été fait des publications dans d'autres
lieux que dans la commune où se célèbre le mariage, il en devra être fait mention.*) Aucune opposition audit mariage ne nous ayant été signifiée ,
faisant droit à leur réquisition , après avoir donné
lecture de toutes les pièces ci-dessus mentionnées,
et du chapitre VI du titre du Code civil , intitulé
du Mariage , avons demandé au futur époux et à
la future épouse s'ils veulent se prendre pour mari
et pour femme : chacun d'eux ayant répondu séparément et affirmativement, déclarons , au nom
de la loi , que N.   et N.   sont
unis par le mariage. Et aussitôt lesdits époux ont
déclaré qu'il est né d'eux un ou des enfans inscrits sur le registre de l'état civil de la commune
d   , en date du   , et sous les
noms de   , lequel (*ou* laquelle *ou* lesquelles) ils reconnaissent pour leur fils (*ou* leur
fille *ou* filles).

De tout ce avons dressé acte en présence de
(*noms, prénoms, âge, domicile des témoins. Si
les témoins sont parens, il sera fait mention du
degré de parenté, et duquel des époux ils sont
parens ou alliés*); lesquels, après qu'il leur en a
été aussi donné lecture, ont signé avec nous et les
parties contractantes.

(*Suivent les signatures.*)

Nº 18. *Formule de mariage contracté avec dispense de degrés.*

L'AN   , le   du mois d   , devant nous (*la qualité du fonctionnaire*), officier de l'état civil de la commune d   canton d   , arrondissement d   , département d   , est comparu N. (*prénoms, nom, âge, profession, domicile*), fils de (*nom, prénoms, profession du père*), et de (*nom, prénoms de la mère ; les détails ordinaires, comme aux formules précédentes*); lequel nous a déclaré qu'il est dans l'intention de s'unir en mariage avec N.   , sa nièce ou tante, avec l'autorisation de la dispense de degrés que lui a accordée S. M. le   , enregistrée au greffe du tribunal de première instance de l'arrondissement d   et dont il nous a présenté une expédition délivrée par le greffier dudit tribunal, le   . Est aussi comparue N. (*prénoms, nom, âge, profession, domicile*), fille de (*nom, prénoms, profession du père*), et de (*nom, prénoms de la mère*), laquelle nous a déclaré qu'elle est dans l'intention de s'unir en mariage avec N.   en vertu de la dispense de degrés ci-dessus mentionnée ; lesquels nous ont requis de procéder à la célébration du mariage projeté entre eux, et dont les publications ont été faites devant la principale porte de notre maison commune; savoir : la première, le   du mois d   , de l'an   , à l'heure de   et la seconde, le   (*S'il a été fait des publications en d'autres lieux que dans la com-*

mune où se célèbre le mariage, il en devra être fait mention.) Aucune opposition audit mariage ne nous ayant été signifiée, faisant droit à leur réquisition , après avoir donné lecture de toutes les pièces ci-dessus mentionnées, et du chapitre VI du titre du Code civil, intitulé *du Mariage,* avons demandé au futur époux et à la future épouse s'ils veulent se prendre pour mari et pour femme : chacun d'eux ayant répondu séparément et affirmativement, déclarons, au nom de la loi, que N.   et N.   sont unis par le mariage. De tout ce avons dressé acte en présence de (*noms, prénoms, âge, domicile des témoins. Si les témoins sont parens, il sera fait mention du degré de parenté, et duquel des époux ils sont parens ou alliés*); lesquels, après qu'il leur en a été aussi donné lecture, ont signé avec nous et les parties contractantes.

(Suivent les signatures.)

Nº 19. *Acte de décès.*

La loi défend qu'en cas de mort violente il eu soit fait mention dans l'acte de décès; ainsi il ne peut y avoir, dans tous les cas, qu'une même formule (1).

L'ʌɴ   , le   du mois d   , pardevant nous (*qualité du fonctionnaire public*), officier de l'état civil de la commune d   , canton d   , arrondissement d   , département d

(1) Voyez nº 21.

sont comparus N.   et
N.   (*on fera mention si les déclarans
sont parens ou voisins*), lesquels nous ont déclaré
que le   du mois de   , heure de   ,
N. (*nom, prénoms, âge, profession, domicile ; si
le défunt était garçon, marié, ou veuf, ou divorcé ; mettre, s'il se peut, les noms, prénoms,
domicile de ses père et mère*), est décédé le
      du mois de   , heure de   ,
en la maison n°   rue   ;
et les déclarans ont signé avec nous le présent
acte, après que lecture leur en a été faite.

(Suivent les signatures.)

N° 20. *Acte d'adoption.*

L'AN   , le   du mois
d   , à   heure du   ,
pardevant nous   , officier de l'état civil
de la commune d
d   , arrondissement d   , canton
département d'   , est comparu N. (*indiquer la partie* (1) *qui requiert l'inscription de
l'acte*), lequel nous a remis l'expédition en forme
d'un arrêt de la cour royale de   , en
date du   , signée de
greffier, enregistrée le   , qui admet
l'adoption faite par (*désigner l'adoptant*) de (*désigner l'adopté*), laquelle pièce demeurera annexée au présent registre, et nous a requis de
procéder à l'inscription dudit arrêt sur les registres

____

(1) L'adoption peut être inscrite à la réquisition de l'une
ou de l'autre des parties. Voyez n° 159.

de l'état civil de cette commune, afin qu'à l'avenir   soit reconnu comme fils adoptif de   , ce à quoi nous avons obtempéré, et a le comparant signé avec nous le présent acte, après que lecture lui en a été faite.

(Suivent les signatures.)

Nº 21. *Acte de décès d'un enfant sans vie.*

L'AN   , le   du mois d   , pardevant nous   , officier de l'état civil de la commune d   , canton d   , arrondissement d   , département d   , est comparu   , lequel nous a déclaré que (*prénoms et nom de la mère. Si la mère est veuve, ou fille, ou inconnue, on en fera mention*), épouse de (*prénoms, nom, profession et domicile du père*), est accouchée à   , le   du mois d   , heure de   , d'un enfant sans vie, du sexe   ; ladite déclaration nous a été faite en présence de (*désigner les témoins*), lesquels ont, ainsi que le déclarant, signé avec nous le présent acte, après que lecture leur en a été faite.

(Suivent les signatures.)

MODÈLE (1) DES EXTRAITS (2) DES ACTES DE L'ÉTAT CIVIL RÉDIGÉS HORS DU TERRITOIRE FRANÇAIS.

Nº 22. *Extrait d'acte de naissance.*

(Numéro et désignation du corps.)

Nous soussignés (*prénoms, nom et grade de l'officier*), remplissant les fonctions d'officier de l'état civil, certifions qu'il résulte du registre destiné à l'inscription des actes de l'état civil faits hors du territoire français pour le (*désignation du corps ou état-major de l'armée*), que le nommé (*prénoms et nom du père ou de la personne qui a présenté l'enfant; désignation de sa profession ou du corps, du bataillon et de la compagnie auxquels il appartient, ainsi que du numéro sous lequel il est signalé*), nous a déclaré, en présence de deux témoins mâles et majeurs voulus par la loi, que le (*date de la naissance de l'enfant*), son épouse *ou* épouse de (*nom et état du père, prénoms et nom de la mère*), est accouchée à (*indiquer le lieu et l'heure*), d'un garçon *ou* d'une fille a qui ils ont donné les prénoms de (*prénoms de l'enfant*); et ont le père (*ou celui qui a présenté l'enfant*) et les témoins signé avec nous au registre.

(1) Ces modèles ont été joints à l'instruction du ministre de la guerre, du 8 mars 1823.

(2) Ces extraits devront être certifiés par le conseil d'administration pour les militaires qui appartiennent à un corps, et visés par le sous-intendant militaire.

A (*désigner le lieu*), le (*la date du mois et de l'an*).

Pour extrait conforme :

Nº 23. *Extrait d'acte de mort.*

(*Numéro et désignation du corps.*)

Nous soussignés (*prénoms, nom et grade de l'officier*), remplissant les fonctions d'officier de l'état civil, certifions qu'il résulte du registre destiné à l'inscription des actes de l'état civil faits hors du territoire français pour le (*désigner le corps ou l'état-major de l'armée*), que le nommé (*prénoms, nom et grade du décédé, désignation du corps, du bataillon et de la compagnie*), fils de et de (*prénoms et noms des père et mère*), natif de (*lieu de naissance*), marié à (*prénoms et nom de la veuve, ainsi que son domicile*); signalé au registre-matricule sous le numéro (*indiquer le nº*), est décédé à (*indiquer le lieu*), par suite de (*déterminer le genre de mort, lorsqu'il y a lieu* (1), le (*la date et l'heure du décès*), d'après la déclaration à nous faite le (*indiquer la date*), par les trois témoins mâles et majeurs voulus par la loi, lesquels ont signé au registre avec nous.

À (*indiquer le lieu*), le (*date du mois et de l'an*).

Pour extrait conforme :

(1) Voyez nº 326.

FIN DU NOUVEAU MANUEL.

TABLE

ALPHABÉTIQUE ET RAISONNÉE

DES MATIÈRES.

——

A

Absens. Voyez *Mariage.*
Accouchement. Voyez *Naissance.*
Actes de l'état civil; combien d'espèces. *Page 2 ;*
comment, et par qui ils sont dressés, *ibid.;* doivent être portés sur des registres: peines en cas de
contravention, 19; comment ils y sont inscrits,
5o, 5 1 ; ils sont rédigés en français : exception ,
5 1 ; énonciations qu'ils contiennent, 5 1 , 5 2 ; indications à mette en marge, 5 2 ; de leur rédaction,
5 2, 5 3 ; cas où les parties intéressées ne comparaissent pas en personne, 5 3 ; formalités à observer pour les pièces produites, 5 3 à 5 6 ; lecture des actes doit être faite et mentionnée, 5 7 ;
par qui ils sont signés, 5 7, 5 8 ; il n'est rien dû
pour leur confection et inscription dans les registres ; peines en cas de contravention, 3 8 , 5 8 ;
ils sont exempts de l'enregistrement : exceptions, 5 8 ; lorsque les actes sont signés, il ne
peut y être fait de changemens, *ibid.;* cas où
une rectification est nécessaire, 5 9 ; lorsque la
mention d'un acte doit avoir lieu en marge d'un
autre déjà inscrit, comment elle est faite, 6 0 ;

B

C

Mariage, Naissance, Officiers et Registres de l'état civil.

D

Dates. Voyez *Actes de l'état civil.*

Décès; sur la déclaration de quelles personnes l'acte en est dressé, 169; devoir de l'officier de l'état civil pour s'en assurer, 170; quand on peut procéder à l'inhumation : peines en cas de contravention, 170, 171; en quel lieu elle est faite, 172; du cas où elle a précédé la déclaration, *ibid.;* formes et énonciations de l'acte de décès en général, 173; *idem* de celui qui concerne un enfant présenté sans vie, 173, 174; des décès dans les hôpitaux militaires, civils, ou autres maisons publiques, 174, 175; du cas où il y a des signes ou indices de mort violente, 175, 176; de celui où le décès a lieu par suite de suicide ou de duel, 177; de celui où il a lieu par suite d'exécution, *ibid.;* des décès dans les prisons, maisons de réclusion et de détention, 178; de ceux arrivés par accident dans une mine, 178, 179; de ceux qui ont eu lieu dans une carrière ou autre exploitation souterraine, 179; de ceux des individus consumés dans un incendie ou noyés sans qu'on ait pu retrouver leurs corps, 179, 180; des notices des décès à remettre par l'officier public au receveur de l'enregistrement du canton, 180, 181; de l'avis à donner au juge de paix du canton des décès de certaines personnes, 181; des actes de décès de militaires et employés aux armées, **hors** du royaume, 182 à 184; des décès dans les hôpitaux militaires, 185; de ceux sur le champ de bataille, 186; du cas où le genre de mort doit

être mentionné dans l'acte, *ibid.*; l'acte constatant le décès des militaires doit être rédigé,
quoique irrégulier, 187, 188; des actes de
décès sur mer, 188, 189; de ceux en pays étranger, 189.

Déclaration. Voyez *Décès, Mariage, Naissance*.

Délégation des adjoints pour la tenuê des registres de l'état civil, 6, 7; modèle d'un arrêté
portant délégation et formalités à remplir dans
ce cas, 7, 8; le maire, malgré la délégation,
peut toujours remplir les fonctions d'officier de
l'état civil, 8.

Dépôt des registres de l'état civil. Voyez *Registres
de l'état civil*.

Dispenses. Voyez *Publications de mariage, Parenté*.

Dissolution de mariage. Voyez *Mariage*.

Divorce est aboli, 2; prohibitions qui en résultent
relativement au mariage, 132, 133.

Domicile; comment il s'acquiert relativement au
mariage, 137 et suiv.

Droits dus pour la légalisation des actes de l'état
civil, 9; pour les extraits des registres, 35
à 39.

Duel. Voyez *Décès*.

E

Empêchement des maires et adjoints. Voyez *Officiers de l'état civil*.

Empêchement de mariage. Voyez *Mariage*.

Enfant. Voyez *Naissance*.

Enfant adoptif. Voyez *Adoption, Mariage*.

Enfant adultérin; ce que c'est, 83. Voyez *Ma-*

F

Famille royale. Voyez *État civil.*

Formules d'actes de l'état civil ont été transmises par le ministre de l'intérieur aux officiers publics : l'auteur a ajouté celles qui avaient été omises, 60 et suiv. ; d'un arrêté de délégation d'adjoint, 8; du procès-verbal constatant que les registres ont été cotés et paraphés, 21 ; de celui des clôtures des registres, 22; de la mention d'une opposition à un mariage, 117; d'un certificat de non-opposition au mariage, 144 et suiv.; d'un certificat constatant la célébration du mariage devant l'officier de l'état civil, pour la cérémonie religieuse, 161 et suiv. ; de l'inscription des jugemens de rectification sur les registres, 192; de la mention des mêmes jugemens en marge des actes réformés, 193. *A l'égard de celles des actes de l'état civil,* voyez TABLE GÉNÉRALE DES MATIÈRES.

Frères et sœurs. Voyez *Mariage.*

G

Garde des sceaux, ministre de la justice; les officiers de l'état civil peuvent le consulter dans les cas difficiles, 41.

Grand-oncle et grand'tante. Voyez *Mariage.*

Greffiers des cours royales. Voyez *Registres de l'état civil.*

Greffiers des tribunaux de première instance apposent le sceau du tribunal, lors de la légalisation des actes de l'état civil : droit qui leur est accordé, 9. Voyez *Extraits des registres de l'état civil.*

H

Hôpitaux. Voyez *Décès*.

I

Inhumation. Voyez *Décès*.
Inscription des actes de l'état civil. Voyez *Actes*,
Extraits, *Officiers et Registres de l'état civil.*
Intendans militaires sont chargés de remplir les
fonctions d'officiers de l'état civil ou de surveiller ceux à qui elles sont confiées : leurs devoirs et obligations, 13 à 16, 44, 45.

J

Juge de paix. Voyez *Décès*, *Mariage*.
Juifs ; noms qui peuvent être donnés à leurs en-
fans, 70.
Jumeaux. Voyez *Naissance*.

L

Légalisation ; définition, 8; dans quels cas elle est
nécessaire et comment elle est faite, pour les
actes passés et produits en France, 9 ; *idem*,
pour ceux à produire dans les colonies ou en
pays étranger, 32, 33 ; *idem*, pour ceux qui
émanent des autorités militaires et de la marine, ou viennent de l'étranger, 55.
Légitimation ; définition, 87 ; comment elle a
lieu, *ibid.* ; est assujettie à l'enregistrement :
droit qui est perçu, 87 et suiv.

M

qui et comment l'acte respectueux est notifié, *ibid.* ; peine contre l'officier de l'état civil, en cas de contravention aux dispositions qui précèdent, 111 ; ce qui a lieu à l'égard des enfans naturels reconnus , *ibid.* ; de ceux non reconnus ou qui ont perdu leurs père et mère, 112 ; des enfans trouvés, *ibid.* ; des enfans adoptifs, 113 ; de l'opposition au mariage, par qui et dans quel cas elle peut être formée, 113 à 115 ; formes de l'acte qui la constate : à quelles personnes il doit être signifié, 115 et suiv. ; mention qui doit en être faite sur les registres de l'état civil : modèle de cette mention, 116 et suiv. ; l'officier de l'état civil ne peut célébrer le mariage avant la main-levée de l'opposition : peines en cas de contravention, 117 ; mention de la main-levée est faite sur les registres de l'état civil, 118 ; en cas de main-levée prononcée par jugement, dans quel délai le mariage peut être célébré, *ibid.* ; l'officier public ne peut célébrer un mariage, quand des causes d'empêchement lui sont connues et que la preuve en est acquise, 119 ; de la permission nécessaire aux militaires : comment et par qui elle est accordée, 119 à 123 ; peines en cas de contravention, contre les officiers de tout genre en activité de service et contre les officiers de l'état civil, 123 ; des empêchemens ou incapacités établis par la loi, 124 ; de la mort civile : prohibition qui en résulte, 125 ; du lien d'un premier mariage : prohibition qui en résulte, *ibid.* ; peines contre quiconque contracte un second mariage, avant la dissolution du précédent, et contre l'officier public qui prête son ministère, 125 et suiv. ; quand la dissolution du mariage a lieu et comment on en

163 à 165; du mariage contracté en pays étranger : transcription de l'acte qui doit être faite en France, 165 à 167. Voyez *Domicile, Pièces à produire, Publications de mariage.*

Maîtres de navires; quand ils remplissent les fonctions d'officiers de l'état civil : leurs devoirs et obligations, 16, 47.

Membres des conseils municipaux sont officiers publics, dans certains cas, formalités à remplir, 7.

Mère. Voyez *Mariage, Naissance, Publications de mariage, Reconnaissance d'enfans naturels.*

Militaires. Voyez *Décès, Mariage, Naissance, Publications de mariage.*

Mines. Voyez *Décès.*

Ministère public. Voyez *Procureurs du Roi, Procureurs généraux.*

Ministre de la justice. Voyez *Gardes des sceaux.*

Ministre de l'intérieur surveille les maires, 11.

Ministres des cultes; peines contre celui qui aurait procédé aux cérémonies religieuses d'un mariage, sans qu'il lui ait été justifié d'un acte de mariage préalablement reçu par l'officier de l'état civil, 161 et suiv.

Mort civile; quand elle est encourue, quels sont ses effets relativement au mariage et comment on en justifie, 125 et suiv.

Mort violente; formalités à remplir, dans ce cas, avant la rédaction de l'acte de décès, 175 et suiv.

N

Naissance; à qui les déclarations sont faites, 65; dans quel délai : peines en cas de contravention, *ibid.*; le baptême peut avoir lieu aupa-

O

les actes d'office, 10; cas dans lesquels ils sont incompétens, *ibid.*; par qui ils sont surveillés, 11; sont tenus d'instruire les procureurs du Roi de tout ce qui est relatif à l'état civil, 40, 4; peuvent, dans les cas difficiles, les consulter, ainsi que le procureur général et le garde des sceaux, 41; délivrent les extraits des registres de l'état civil, 34; peuvent aussi délivrer des expéditions des actes produits à l'appui des mariages, *ibid.*; leurs devoirs relativement à la rédaction des actes, 52, 53; leurs devoirs, lorsqu'il y a lieu à transcription ou mention d'un acte sur les registres, 60, 76, 78, 79, 90, 165, 175 à 178, 186, 189; sont tenus de remettre au receveur de l'enregistrement des notices des décès, 180 et suiv.; doivent aussi donner avis au juge de paix des décès de certaines personnes, 181; des officiers de l'état civil, à l'égard des militaires et employés aux armées, hors du royaume, 12 à 15; en mer, 15 et suiv.; en pays étranger, 16; devoirs et obligations de ces trois classes d'officiers publics, *ibid.*; ils peuvent délivrer des extraits des registres, 48. Voyez *Actes de l'état civil, Délégation, Extrait des registres de l'état civil, Légalisation, Procureurs du Roi, Procureurs généraux, Signatures et Paraphes.*

Oncles et Tantes. Voyez *Mariage.*

Oppositions à mariage. Voyez *Mariage.*

P

Paraphes. Voyez *Pièces, Signatures et Paraphes.*

Parente; ce que c'est, 128; prohibitions qui en

Q

R

timbré, 21 ; sont cotés et paraphés : modèle du procès-verbal, *ibid.* ; cas où ils deviennent insuffisans, 22 ; sont clos et arrêtés : modèle du procès-verbal, *ibid.* ; sont déposés, à la fin de l'année, avec les pièces annexées : en quels lieux et comment le dépôt est effectué, 24, 25 ; des contraventions à leur tenue et à leur dépôt, 25 ; des altérations, faux et autres crimes et délits, 26 ; à la requête de qui les poursuites peuvent avoir lieu, *ibid.* ; l'autorisation du gouvernement n'est pas nécessaire, *ibid.* ; comment les poursuites sont dirigées, suivant les différens cas, 27 ; cas dans lesquels les registres peuvent être déplacés : formalités à remplir, 30, 31 ; les registres de l'état civil sont publics ; de ceux destinés aux actes concernant des militaires et employés aux armées, hors du royaume, 42 à 46 ; de ceux tenus en mer, 47 ; en pays étranger, 48. Voyez *Actes et Extraits des registres de l'état civil, Procureurs du Roi, Officiers de l'état civil, Tables alphabétiques.*

Renvois doivent être approuvés de la même manière que le corps de l'acte, 50.

Rôle d'équipage. Voyez *Registres de l'état civil.*

S

Sages-femmes. Voyez *Naissance.*

Secrétaires des mairies sont supprimés et ne peuvent actuellement délivrer d'extraits des registres, ni apposer leurs signatures sur ces extraits, 34.

Sépultures. Voyez *Décès.*

Signatures et paraphes des maires et adjoints doivent être déposés au greffe du tribunal de

FIN DE LA TABLE ALPHABÉTIQUE.

TABLE GÉNÉRALE

DES MATIÈRES.

FORMULES DES ACTES DE L'ÉTAT CIVIL.

MODÈLE DES EXTRAITS DES ACTES DE L'ÉTAT CIVIL RÉDIGÉS HORS DU TERRITOIRE FRANÇAIS.

FIN.

IMPRIMERIE DE BRODARD, A COULOMMIERS.